El
TAROT
VIVIENTE

T. Susan Chang

El
TAROT
VIVIENTE

EDICIONES OBELISCO

Si este libro le ha interesado y desea que le mantengamos informado de nuestras publicaciones,
escríbanos indicándonos qué temas son de su interés (Astrología, Autoayuda, Ciencias Ocultas, Artes Marciales,
Naturismo, Espiritualidad, Tradición…) y gustosamente le complaceremos.

Puede consultar nuestro catálogo en www.edicionesobelisco.com

Colección Cartomancia y Tarot
EL TAROT VIVIENTE
T. Susan Chang

1.ª edición: enero de 2024

Título original: *The Living Tarot*

Traducción: *Nuria Duran*
Corrección: *Sara Moreno*
Maquetación: *Isabel Also*
Diseño de cubierta: *Enrique Iborra*
Ilustraciones de las páginas 31, 48, 170, 171, 188-190, 214, 217, 222, 225 propiedad de Llewellyn Art Departament.
Baraja de cartas originales de 1909 ©2021 Pamela Colman Smith y Arthur Edward Waite.
Usadas con permiso de Lo Scarabeo.

© 2023, T. Susan Chang
Publicado por Llewellyn Publications Woodbury, MN 55125, USA
www.llewellyn.com
(Reservados todos los derechos)
© 2024, Ediciones Obelisco, S. L.
(Reservados los derechos para la presente edición)

Edita: Ediciones Obelisco, S. L.
Collita, 23-25. Pol. Ind. Molí de la Bastida
08191 Rubí - Barcelona - España
Tel. 93 309 85 25
E-mail: info@edicionesobelisco.com

ISBN: 978-84-1172-097-7
DL B 20867-2023

Impreso en SAGRAFIC
Passatge Carsí, 6 - 08025 Barcelona

Printed in Spain

PARA TODOS LOS ESTUDIANTES
DEL TAROT VIVIENTE

PRESENTACIÓN
DEL TAROT VIVIENTE

Hoy hay algo diferente en ti.

Has decidido conseguir tu primera baraja de tarot.

O tal vez alguien te regalara una hace mucho tiempo y, por alguna razón, de repente, te has acordado.

O es posible que te haya estado picando el gusanillo del tarot durante años y nunca antes te habías decidido a intentarlo. *Pero sabes que puedes.*

Sea lo que sea, ¡enhorabuena! Has comprado este libro, lo que significa que has cruzado un umbral mágico, y cuando recuerdes este día dentro de diez, veinte, o treinta años, dirás: «Fue entonces cuando todo cambió».

Pero ahora mismo seamos sinceros: tienes dudas.

Cualquier persona sensata del siglo XXI, como tú, se va a plantear muchas preguntas sobre el tarot. *¿Realmente funciona? ¿Soy lo bastante vidente como para hacerlo? (¡Nunca pensé que lo fuera! ¿Qué significa realmente «vidente»?) ¿Qué pasa con mi libre albedrío? ¿Y el destino? ¿Realmente puedo memorizar los significados de setenta y ocho cartas? ¿Se reirán mis amigos y familiares cuando se enteren?* Y también, por supuesto, dependiendo tu procedencia, *¿es algo maligno?*

He pasado veinticinco años de mi vida leyendo el tarot y luchando contra estas preguntas. Si hoy estoy en paz con ellas, es gracias a ese largo viaje, tan personal y tan idiosincrásico, en el que a veces he pensado: ¿es posible *enseñarle tarot a alguien? ¿No debería descubrirlo cada uno por sí mismo?*

Por otro lado, no creo que exista algo como un «tarotista novato» o un «principiante del tarot». Creo que *cualquiera* desde el primer día puede obtener unos resultados tan significativos con el tarot como para cambiar su vida, porque el tarot es anómalo y extraño, a la par que prodigioso en este sentido. Así que de nuevo: *¿se puede enseñar tarot a alguien? ¿El tarot no sucederá independientemente de si lo intentas o no?*

A lo largo de los años, he llegado a esta conclusión: no, no se puede enseñar tarot a nadie. Pero tal vez, y sólo tal vez, sea posible *enseñar a alguien a enseñarse a sí mismo el tarot*, y eso es lo que pretendo con este libro. Éstas son las dos cosas que espero que aprendas al final de este tiempo que vamos a compartir:

1 | **Aprender a encontrar significados en las cartas por ti mismo.** La lectura del tarot, en el fondo, consiste en encontrar significados en un conjunto de setenta y ocho imágenes. Admitámoslo, no te vas a aprender (aprender de verdad) todos esos significados del librito que viene con la baraja, o del formulario de significados de otra persona. Pueden ser un punto de partida, pero cuando lees tarot de verdad, el tarot está *en todas partes*; lo ves, lo respiras, te cala hasta los huesos. A eso me refiero con «vivir el tarot».

Porque el tarot no es más que una forma de hablar del mundo que te rodea. Todo lo que «hay ahí fuera» está en las cartas: sólo tienes que establecer las conexiones entre el tarot y la vida cotidiana que ya estás viviendo. No tienes que *memorizar* el significado de cada carta, sino *descubrirlo*.

La buena noticia es que estás aprendiendo algo que ya sabes. Entonces, ¿cuán difícil puede ser? Al final de este libro (en realidad, cuando hayas terminado el capítulo 3), habrás desarrollado una enciclopedia básica de setenta y ocho significados: lo que el tarot significa para ti. Y eso nadie te lo podrá quitar jamás.

2 | **Averigua cómo encaja el tarot en tu vida.** Eres un pensador profundo. De lo contrario, ni siquiera te plantearías la posibilidad de que el tarot pudiera tener algo que ofrecerte. Sabes que buscar un significado en imágenes sacadas al azar tiene implicaciones: implicaciones sobre la realidad, sobre la forma en que funciona el mundo.

Los capítulos 4, 7 y 8 de este libro te ofrecen una manera de afrontarlo. Te darán un marco de trabajo para confiar en las extrañas sincronicidades con las que te enfrentas a diario cuando lees el tarot. Te ayudaré a encontrar tu forma de razonar sobre la realidad de una manera en que, en mi opinión, sea coherente e intelectualmente sólida. Esto te ahorrará muchas disonancias cognitivas y dudas a la hora de ponerte en marcha.

Si eres nuevo en el tarot, este libro debe ayudarte a encontrar tu camino en la lectura con un grado razonable de fluidez y confianza para cuando termines los ocho capítulos. El tarot puede ser el trabajo de toda una vida, pero permite ponerlo en práctica en pocas semanas. Si ya llevas un tiempo leyendo tarot, este libro debería ayudarte a consolidar algunas de tus prácticas, despejar algunas de tus lagunas interpretativas y ayudarte a encontrar maneras de fortalecer y profundizar tu trabajo con las cartas. De hecho, incluso después de veinticinco años, yo misma cumplo con las tareas de este libro *todo el tiempo:* forman parte fundamental de mi trabajo con las cartas.

Lo que necesitas

En cuanto a las prácticas mágicas, el tarot tiene una barrera de entrada increíblemente baja. No necesitas un athame, ni un atuendo ceremonial específico, ni una pila de pergaminos, ni tinta de mirra. No hace falta ayunar ni un día ni una semana, ni tan siquiera memorizar conjuros. Para leer tarot, todo lo que necesitas es un juego de cartas de tarot. Y para completar este libro de ejercicios, no necesitas mucho más que eso. Tal y como yo lo veo, en realidad sólo hay tres requisitos si quieres empezar el trabajo que se describe en este libro.

En primer lugar, necesitarás una baraja de tarot Rider-Waite-Smith. Son fáciles de encontrar: busca las palabras clave *Rider*, *Waite*, *Smith*, *Pamela Colman Smith*, *1909*, o cualquier combinación, como Rider-Waite o Waite-Smith. ¿Lioso? Rider fue el editor original, Arthur Edward Waite fue el mago que lo conceptualizó y Pamela Colman Smith (conocida afectuosamente por los tarotistas de todo el mundo como «Pixie») fue la artista; la baraja se publicó por primera vez en 1909. Hay cerca de un millón de versiones diferentes de distintos colores, tamaños, grosores, etc. Sólo tienes que elegir una que te guste y que puedas imaginarte conociendo tan bien como para poder visualizarla mientras duermes.

Y sí, puedes comprarla en una tienda o por Internet. Nadie tiene por qué regalarte tu primera baraja de tarot, y tampoco tienes por qué robar una, así que ¡por favor, no lo hagas!

Usamos Rider-Waite-Smith porque es el lenguaje universal de la mayoría de los lectores de tarot de habla inglesa, y porque en los arcanos menores (del as al 10) las imágenes son de gente corriente en sus quehaceres. Se conocen como cartas *menores escénicas* y no todas las barajas de tarot las tienen. La baraja Thoth, de Aleister Crowley, por ejemplo, es popular por su ambiente cambiante y críptico, pero aparte de las cartas de la corte y las mayores no contempla figuras humanas. El tarot de Marsella, una familia de barajas xilográficas que datan de la Europa del siglo XVII (y que siguen siendo muy populares allí), tiene lo que se conoce como «cartas pips», que contienen sólo el número oportuno de iconografías de palos en sus cartas numéricas, más o menos como una baraja de cartas estándar. De hecho, muchos lectores de tarot de Marsella sólo trabajan con los arcanos mayores. Ni la baraja Thoth ni la Marsella funcionarán con el tarot viviente, así que si estás interesado en estas barajas, probablemente será mejor que busques otros libros que sí las contemplen.

Lo siguiente que necesitarás es algo en lo que escribir. No importa si es un cuaderno físico o una colección de documentos digitales y hojas de cálculo. Llevarás un registro de los significados de las cartas, así que si utilizas un cuaderno físico, precisarás al menos una página para cada una de las setenta y ocho cartas. También harás ejercicios de escritura, problemas de palabras, rellenarás tablas, etc. Si lo prefieres, puedes dejar un espacio en blanco en este cuaderno para que lo rellenes, o mantener tu trabajo separado en tu portátil o en un diario especial o en el cuaderno con los significados de tus cartas. Si eres artístico, habrá formas de expresarlo; si no lo eres, no tendrás que hacerlo. Yo lo hago prácticamente todo en el portátil, pero a mucha gente escribir a mano la ayuda a memorizar y a aprenderlo mejor. ¡Hazlo como quieras!

Lo último que necesitarás es compromiso. Hay mucho sobre lo que pensar y mucho sobre lo que escribir, así que si odias escribir, es posible que éste no sea el libro de ejercicios adecuado para ti. También tendrás que hacer la tirada de una carta del día cada día. Puedes dedicarte a las demás tareas en tu tiempo libre (no pasa nada si tardas años en leer este libro de principio a fin), pero la práctica de la carta del día es algo que debes hacer todos los días. No te llevará necesariamente demasiado tiempo una vez hayas leído el capítulo 1; puedes hacerlo en un par de minutos, o deleitarte en el proceso y tardar una hora, si lo deseas. Pero tiene que formar parte de tu rutina, del mismo modo que lavarte los dientes también lo es

(¡eso espero!). Si quieres añadir algún contenido de tarot que sea más esotérico, tal vez puedan gustarte otras de mis obras:

- *Tarot Correspondences: Ancient Secrets for Everyday Readers* (Llewellyn, 2018) («Tarot Correspondences: Secretos ancestrales para lectores cotidianos»): una guía completa de las correspondencias astrológicas, numéricas, cabalísticas y elementales de las cartas, junto con formas de utilizarlas.
- *Secrets: A Decanic Journey through the Minor Arcana of the Tarot* (Anima Mundi, 2021) (*«36 Secretos: Un viaje decánico por los arcanos menores del Tarot»):* una inmersión profunda en las cartas menores numéricas (del 2 al 10), y mi trabajo más personal.
- El pódcast *The Fortune's Wheelhouse* («La Casa de la Rueda de la Fortuna»): un programa que creé con la tarotista M. M. Meleen. Tiene un episodio de una hora sobre cada carta y está disponible en cualquier sitio donde se escuchen pódcasts.
- *Tarot Depicphered: Decoding Esoteric Symbolism in Modern Tarot* (Llewellyn, 2021): Esencialmente la versión en texto de *Fortune's Wheelhouse*, ampliada en un volumen de referencia de seiscientas páginas.

Estos libros no son necesarios para realizar el trabajo del curso, pero pueden ser útiles, especialmente para los capítulos 3 (tarot futuro) y 8 (tarot mágico). *Tarot Correspondences* contempla una gran cantidad de material de referencia que, de otro modo, tendrías que buscar en Internet o en diversas fuentes primarias, lo cual es algo laborioso. Lo escribí para ahorrarme algunos problemas y espero que también te los evite a ti.

Plazo de tiempo

Se trata de un cuaderno de trabajo autodirigido, organizado en ocho secciones. Puedes tomarte el tiempo que desees para hacerlas. Aunque no es mala idea fijarse metas, sobre todo si eres como yo y nunca puedes hacer nada a menos que haya una fecha límite. Así que aquí tienes algunas sugerencias sobre el tiempo que podría llevarte terminar la totalidad de la obra.

- **Capítulo 1: La carta del día:** de una a dos semanas.
- **Capítulo 2: Tarot pasado:** de dos a cuatro semanas.

- **Capítulo 3: Tarot futuro:** de dos a cuatro semanas.
- **Capítulo 4: Creo en esto:** una semana.
- **Capítulo 5: Hacer una pregunta:** de una a dos semanas.
- **Capítulo 6: Diseñar una tirada:** de dos a tres semanas.
- **Capítulo 7: Rituales, ethos, praxis:** una semana.
- **Capítulo 8: Tarot mágico:** de dos a tres semanas.

Los capítulos 2 y 3 son casi idénticos, y puedes hacerlos simultáneamente si lo deseas. No te preocupes si la vida te supera y necesitas más de los tres a seis meses previstos. Sigue sacando una carta al día y vuelve a profundizar en el estudio siempre que tengas la ocasión. Vale la pena.

Sobre el curso *online* de tarot viviente

Los materiales de este libro proceden del curso *online* Living Tarot, lanzado en 2018 y que ahora cuenta con más de 300 estudiantes.[1] Los materiales están organizados de una manera algo distinta en Internet, simplemente debido a la diferencia entre los medios impresos y digitales.

Si lo deseas, puedes unirte a este curso además de trabajar con el libro. Si lo haces, podrás asistir a la reunión mensual de Zoom, donde podrás hacer preguntas sobre el trabajo, conocer a otros estudiantes, discutir las sincronicidades del tarot en tu vida diaria y probar nuevas tiradas (construyo una cada mes). También recibirás comentarios personalizados sobre tus tareas finales por mi parte. Y si consigues llegar hasta la graduación, tendrás una lectura de una pregunta conmigo.

Tanto si decides hacerlo como si no, me alegro de que hayas decidido aprender a leer y, lo que es más importante, a *vivir* el tarot. Espero que tu propio viaje con las cartas no haya hecho más que empezar.

---

1. Para más información, consulta www.tsusanchang.com/class

Capítulo 1
LA CARTA DEL DÍA

Aprender tarot es entablar una relación duradera con un significado. Y como cualquier relación a largo plazo, no depende sólo de los momentos de gran drama, tragedia, euforia y romance (aunque, sin duda, ocurren), sino de los largos, tranquilos, pacíficos y ordinarios tramos de la vida.

Otra forma de verlo es la siguiente: aprender tarot es como aprender un idioma. Al principio sólo podrás utilizarlo para satisfacer las necesidades más básicas: cómo alimentarte o como ir de un sitio a otro (¡y dónde encontrar el baño!). Pero conversando un poco cada día, poco a poco te sentirás cómodo comunicándote y captando las sutilezas, matices y percepciones que aportan estructura y trasfondo a todas nuestras vidas.

En este capítulo, aprenderás a tirar de la carta diaria para ti: por qué, cuándo, dónde y, sobre todo, *cómo*. Es un hábito que espero que mantengas de por vida (lo sé, así lo planeo). Incluso después de toda una vida leyendo el tarot, sigo sintiendo que la tirada matutina es provocativa, productiva y sorprendente, y una fuente de esperanza y oportunidades renovadas cada día.

La carta del día proporciona una base sólida para integrar el tarot en la arquitectura de tu vida. Requiere su tiempo, pero de esta praxis surge una profunda capacidad para la metáfora. En sus profundidades encontrarás un espejo encantado, donde la verdad no cesa de brillar si sólo tienes la voluntad y la paciencia de mirar.

«¿Por qué sacar una carta cada día?»

Existen numerosos motivos para echarse la carta del día [en adelante la COTD, por sus siglas en inglés (porque la vida es corta)], pero a continuación indico algunos de los que considero principales:

1 | **Si sacas la carta todos los días, a lo largo de un año casi con seguridad habrán salido todas las cartas.** Nunca volverás a ponerte nervioso, de pie, mirando el dorso de la carta y dándole la vuelta lentamente, porque ninguna carta será nueva para ti. Claro que algunas serán amigas íntimas, otras serán conocidas lejanas y otras serán como parientes a los que apenas aguantas; ¡incluso puede que te encapriches de una o dos de ellas! Pero la cuestión es que se trata de facetas de la realidad, partes de lo que eres. Y no hay ni una parte de ti que no merezca la pena ser conocida.

2 | **Es bueno cumplir las promesas que uno se hace a sí mismo.** Como dice uno de mis practicantes de magia favoritos, Aidan Wachter: «Puedo decidir algo una vez».[2] En otras palabras, existe libertad en no tener que cuestionarte las cosas en tu vida. Tu (probablemente) no agonizas sobre si cepillarte o no los dientes cada día. Tu probablemente no te pasas horas reflexionando antes de decidir que es hora de desayunar. Puedes adoptar la misma actitud con el tarot. ¿En realidad puedes hacerlo todos los días? Claro que sí. (¿Y si te saltas un día? Vuelve a empezar. El tarot nunca te juzgará por ser humano).

   La cosa es así: cuando mantienes una práctica diaria constante, le estás diciendo al universo que cuando te haces una promesa a ti mismo nada es más importante. ¿Y sabes qué? *Hacerte promesas es la base de la práctica mágica.*

3 | **Cada vez que mezclas una baraja de cartas, invitas al azar, al destino o a la fortuna a sentarse a la mesa.** Al *sacar* una carta de ese caos, estás señalando que aceptas lo que el destino te depara a través del azar. Y al *interpretar* esa carta, estás señalando que pretendes tomar el control del significado de tu propio destino. Porque el tarot es un microcosmos de la vida, ¿verdad? La vida está llena de incertidumbres, y nunca sabes bien lo que te va a deparar. Pero aun así puedes afrontarla y puedes tomar el control de su significado.

---

2. Aidan Wachter, *Six Ways: Approaches & Entries for Practical Magic* (autopublicado, Red Temple Press, 2018).

Leer tarot es la versión micro de esa actitud, y creo que descubrirás que es profundamente reparadora. Más que eso: leer tarot es un verdadero acto de valentía.

4 | **La COTD significa descubrir significados, no memorizarlos.** Ahora bien, podrías repasar de manera sistemática el Pequeño Libro Blanco, como buen estudiante que eres, e intentar memorizar cada una de esas palabras clave: «Curiosidad». «Lucha». «Distracción», «Abundancia». Pero estas palabras clave, estos significados ideados por alguien que no eres tú, ¡son tan abstractos! No guardan relación alguna con tu vida personal. ¿No preferirías saber por ti mismo que cuando sacaste el 3 de Copas esta mañana, fue porque ibas a almorzar con tus dos amigas? ¿No preferirías saber que ese día que perdiste las llaves, el tarot te avisó dándote el 5 de Pentáculos?

Esto es lo que significa comprometerse con el «tarot viviente». Significa conocer, por pura experiencia vivida, la forma y la personalidad de cada carta, la extensión de su pequeño reino. Si lo practicas el tiempo suficiente y llevas la cuenta de lo que sacas, el tarot mismo te dirá lo que significa cada carta. Y nunca, nunca lo olvidarás.

5 | **Si puedes interpretar la COTD, puedes interpretar cualquier carta en cualquier tirada.** Aprender cómo se muestra la vida en las cartas es literalmente el nombre del juego. Si llegas a dominar la forma en que el tarot refleja la vida y la vida refleja el tarot, nunca te faltarán ideas que extraer de las cartas para ti o para los demás.

«¿Cuándo debo sacar mi carta?»

La mañana es el mejor momento del día. ¿Por qué? Porque le ofrece a tu carta el período más largo de conciencia despierta para presentarse. Te da el beneficio de la ayuda adivinatoria desde el momento en que empiezas el día. Así, si te cae encima el café de la mañana, o te encuentras con un conocido mientras haces footing, o hay una canción que no puedes sacarte de la cabeza de camino al trabajo, tu carta te dará la oportunidad de obtener el significado de esa casualidad. Te hará compañía cuando estés solo, te aconsejará cuando dudes, te reconfortará cuando estés deprimido. Y cuando no estés pensando en ella, se quedará en segundo plano coloreando con sutileza tu día gracias a su extraño poder atrayente.

Por supuesto, hay veces en que simplemente no sucede: la alarma no suena, el coche no arranca, tu mascota tiene un accidente. No pasa nada. No pienses: «Bueno, hoy no voy a echar las cartas». Hazlo a la hora de comer, en la sala de espera del dentista o en el autobús. Si no te agrada llevar una baraja encima, utiliza una aplicación de tarot en tu teléfono. Existe un argumento a favor de hacer la tirada al *final* del día. Algunas personas se sienten asustadas por el poder predictivo del tarot al principio, y se encuentran más cómodas haciendo la tirada cuando el día ya ha terminado, como una especie de resumen de lo sucedido. Es una forma de cosechar significado, y si es la única manera en que puedes manejar la COTD, entonces hazlo.

Pero, al final, intenta echar las cartas por la mañana. Es fácil hacerlo si forma parte de tu rutina, como lavarse los dientes o afeitarse. Al echar las cartas por la mañana, indicamos que estamos abiertos al caos. Estamos abiertos a lo que ocurra; estamos abiertos a la aleatoriedad de este hermoso mundo; vamos a encontrar formas de sacarle sentido sin importar lo que nos traiga, y no tenemos miedo. Créeme, ¡te cambiará la vida!

«¿Cómo barajar?»

¿Sabes qué? Buenas noticias. No existe una forma incorrecta de barajar. Puedes hacerlo de la manera tradicional, intercalando el extremo corto o el largo de las cartas (a mí me resulta más fácil barajar el extremo largo, ya que las cartas del tarot son mucho más grandes que los naipes). Se puede barajar por encima de la mano, lo que reordena los grupos de cartas al pasarlas de una mano a otra. Puedes «barajar» o «lavar» las cartas, extendiéndolas sobre una superficie grande y mezclándolas hasta que estén desordenadas. Esto último es lo que más me gusta, aunque da lugar a que se inviertan las cartas. Hablaremos de ello más adelante.

«¿Cómo elijo una carta? ¿Cuántas cartas saco?»

Nosotros lo llamamos la carta del día; Sin embargo, su forma en plural, las cartas del día, también es correcta. Personalmente, saco dos.

Mucha gente saca dos porque así las cartas pueden tener una especie de conversación entre ellas, una especie de relación. Puedes intentar asignar papeles a las cartas («Algo que buscar» y «Algo que probar» es un esquema que siempre me ha gustado). También es bueno porque aumenta tu exposición a toda la gama de la baraja: en seis meses, es probable que hayas sacado las setenta y ocho cartas. Pero una sola carta te dará mucho que pensar durante el día. En realidad, sólo es cuestión de preferencias.

¿Puedes sacar más cartas? Claro, pero la parte más importante de la práctica es observar y reflexionar sobre lo que sacas. Y, personalmente, me resulta difícil recordar tres cartas o más mientras voy pasando por todas las distracciones del día. Una vez barajadas, puedes cortar la baraja o no. Puedes mirar los dorsos de las cartas mientras eliges una carta o no. Puedes sostener un cristal, encender una vela o tararear para ti mismo o no. Y aquí tienes un secreto para los dudosos: al tarot *en realidad no le importa* si no estabas concentrado cuando sacaste la carta. Al tarot no le importa si te cuestionas a ti mismo. Al tarot no le importa si viste pasar un pájaro por la ventana y te distrajiste. Al tarot no le importa si estabas de mal humor cuando sacaste la carta, y al tarot no le importa si se te cayó una carta al suelo y tuviste que volver a ponerla en la baraja. Al tarot ni siquiera le importa si literalmente no estás jugando con la baraja completa. Yo también lo he hecho. Lo que quiero decir es lo siguiente: roba la carta y no te plantees si lo estás haciendo bien.

No obstante, tengo una sugerencia: intenta sacar la carta con *el cuerpo*, no sólo con las manos. Me explico: algunas personas que son muy sensoriales, como yo, pueden tener la experiencia de sostener la baraja y sentir algo muy físico. Pueden sentir como si la baraja emitiera una especie de corriente eléctrica o un pequeño zumbido. No te preocupes si no lo notas, pero si es así, centra tu atención en esa sensación mientras realizas la tirada de cartas.

Si no te suenan, intenta hacer este ejercicio para ayudarte a localizar el «zumbido psíquico» en tu cuerpo.

Tarea 1.1
Ejercicio de alarma psíquica
Cuando tu cuerpo ama algo, le invade una sensación muy particular. Veamos si podemos encontrarla.

Instrucciones

1 | Piensa en algo (o en alguien) que adores: algo que te haga sentir vivo, que te haga hervir la sangre, que te emocione la próxima vez que te encuentres con ello. Puede ser una afición, una persona, tu gato o la idea de sentarte a ver Netflix después de un largo día. Los detalles no importan. Lo que buscas es lo que te permite sentir esa sensación de calidez.

¿Qué sientes en tu cuerpo? Imagínate abriéndote y relajándote. Es una buena sensación, ¿verdad? Ésa es tu sensación de *sí*.

Sí se siente como _____ en mi cuerpo.

2 | Ahora tómate un momento para pensar en algo que detestas, algo que no soportas. (Yo suelo pensar en el cheddar, lo sé, ¡no lo odies!). Sentirás que retrocedes físicamente ante ese pensamiento, intentando alejarte de él.

Ésa es tu sensación de *no*.

No se siente como _____ en mi cuerpo.

3 | Ahora ya lo sabes: el sentimiento de lo que amas es Sí; el sentimiento de lo que odias es No. Reconoce cómo se siente en tu cuerpo: lo que te ahoga y te aprieta frente a aquello a lo que te abres. Cuando saques la carta, utiliza el cuerpo para buscar esa sensación de Sí, de estar abierto, relajado y emocionado. Te garantizo que esto te ayudará a sacar cartas que sean constructivas y cívicas, en lugar de sarcásticas, críticas u opacas.

La metafísica que subyace a esta noción es la idea de que el cosmos funciona por *eros*, por deseo, como la fuerza de la gravedad o la atracción de una cosa por otra: como es arriba, es abajo. Como es dentro, es fuera. Cuando te inclinas hacia ese sentimiento que te conecta con los patrones más amplios del mundo, los reflejas en tus acciones y en todo lo que te rodea, incluidas tus cartas.

La adivinación consiste en no tener miedo

Cuando le digo a la gente que soy tarotista, se dan dos tipos de respuesta negativa, las cuales no me molestan en absoluto. Una sería: «¡Oh, no creo en eso!». Es totalmente comprensible. Nada en la forma en que nos educan como modernos haría que alguien estuviera predispuesto a pensar que la adivinación tiene valor o que es «real». Así que no rechazo a nadie que piense así, y tampoco tengo mucho interés en convencerlos para que piensen lo contrario.

El otro tipo de respuesta negativa es la siguiente: «Eso me da miedo. No quiero saberlo». Esto también es del todo comprensible, pero creo que es curable.

No puedo enfatizar esto lo suficiente: la *adivinación consiste en no tener miedo de lo que va a pasar*.

Esto es importante porque la adivinación, en el fondo, trata del futuro. Y el gran don secreto de la adivinación es que te permite enfrentarte al futuro, sea lo que sea lo que éste te depare, con confianza y franqueza.

Si realizas una práctica adivinatoria basada en el sortilegio (extracción aleatoria de un conjunto de objetos significativos), entonces vas a conseguir todas las cartas en algún momento, especialmente si sacas una carta del día. Si sacas una carta al día, es probable que las consigas todas en nueve meses; si robas dos cartas al día, es posible que las consigas todas en seis meses. Mis conocimientos de estadística son rudimentarios, así que no sé por qué, pero así es como parece funcionar. La ventaja, o quizá el inconveniente, de hacer esto es que vas a conseguir todas las cartas, incluidas las que dan miedo. Conseguirás las que te llenen de alegría y expectación, y las que te hagan querer darte la vuelta y volverte a la cama, o volver a hacer la tirada. (No repitas la *tirada*. Incluso las cartas que no te gustan son un regalo, y cuanto antes descubras el regalo, más fuerte será tu práctica).

Recuerda: no hay cartas buenas o malas. Sólo hay significados. Cada una tiene un rango de luces y sombras, y puede aparecer de cualquier forma dentro de ese rango. Al sacar una carta al azar todos los días, estamos indicando que estamos abiertos a la variedad de la vida y que, de hecho, la aceptamos. Piensa en ello como si fuera un juego; después de todo, la adivinación es una de las artes herméticas y Hermes es el dios de los juegos. Jugamos con mucha pasión, pero luego nos dejamos llevar, porque sólo es un juego. Sucede lo mismo que cuando practicas deporte. Te importa mucho ganar en ese momento, pero luego, con suerte, lo dejas pasar. Porque forma parte de la vida, ¿no?

Cumplimos con nuestra parte del patrón de la vida tanto si ganamos como si perdemos, y podemos darle sentido a cualquiera de los dos resultados.

En el movimiento de magia del caos de la década de 1970, encabezado por Austin Osman Spare, se hacía un ritual o trabajo y se pedía con toda sinceridad lo que se deseaba. Y después, aconsejaba Spare, se pronunciaba el mantra «¡No importa, no es necesario!».[3] La teoría que subyace a esto es que se quiere evitar la «lujuria del resultado», que yo entiendo como el ego apoyándose con fuerza en el destino para producir un resultado preciso de una manera precisa. No es así como funciona. Es lo mismo en el paradójico espacio mental de la adivinación:

---

3. Austin Osman Spare, *The Book of Pleasure: The Psychology of Ecstasy* (autoeditado, CreateSpace, 2015).

estás muy comprometido, muy alerta, pero al mismo tiempo no estás presionando. No intentas presionar al destino. *Te preocupas*, pero dejas los detalles en las hábiles manos de Fortuna.

Para ayudarnos a entrar en ese espacio mental, donde el significado es más importante que «ganar» o «perder» técnicamente, vamos a explorar la idea de que no hay cartas buenas o malas. Vamos a intentar comprender mejor su gama de significados: sus zonas de luz solar *y sus* profundas sombras. Con el tiempo y la experiencia, también nos familiarizaremos muchísimo con las extensas zonas grises intermedias.

Tarea 1.2
¡Demasiado difícil! ¡Demasiado fácil!

Es fácil decir: «No hay cartas buenas ni malas», pero otra cosa muy distinta es ponerse delante de las cartas, con los ojos llenos de esperanza y expectación, y luego sacar tu carta, darle la vuelta y ver… la torre. Todo en la vida está en el tarot, pero la imaginería tradicional a menudo se parece más a una recopilación de lo más destacado (milagros, desastres, ganancias inesperadas, fracasos) que a las vidas relativamente tranquilas que vivimos.

Todas las cartas tienen un lado positivo y otro negativo, pero algunas parecen más unidimensionales que otras. ¿Cómo podemos encontrar matices en esas cartas que dan tanto respeto como en las que son demasiado buenas para ser verdad? Vamos a por ello.

Este ejercicio está pensado para ayudarte a ver más allá de la superficie de las cartas más polarizantes: dentro de los bajos fondos benignos de las cartas sombrías, y dentro de las turbias profundidades de las brillantes y alegres. Su objetivo es ayudarte a que no te asustes la primera vez que saques el 10 de espadas como carta del día. También está pensado para que no te lleves un chasco el día que saques el 10 de copas y no conozcas a tu media naranja.

Instrucciones

A las cartas más deprimentes las llamaré cartas del «lado oscuro» (he elegido el 10 de espadas, el diablo, la torre, el 5 de pentáculos, el 3 de espadas, el 9 de espadas y el 5 de copas). Las engañosamente llenas de luz se llaman cartas del «lado luminoso» (el sol, el 10 de pentáculos, el 4 de bastos, el 3 de copas, el 9 de copas, el 10 de copas, y los ases). La tarea es sencilla: Para las cartas del lado oscuro, piensa en algunas formas positivas de interpretar la carta. Para las cartas del lado luminoso, piensa en algunas formas negativas de interpretar la carta. Toma un cuaderno o tu diario de tarot y ¡a trabajar! He incluido algunas preguntas para cada una de ellas.

El lado oscuro

10 de espadas: ¿por qué hay luz en el horizonte?, ¿dónde está la sangre? Si las espadas son pensamientos, ¿qué ocurre a continuación?

_____

_____

_____

_____

_____

_____

_____

_____

El diablo: ¿cuáles son las habilidades y talentos del diablo?, ¿por qué es tan tentador?, ¿por qué la gente está tan poco unida?

_____

_____

_____

_____

_____

_____

_____

_____

La torre: ¿para qué sirven los truenos y los relámpagos?, ¿cómo se percibe el ambiente antes y después?

LA TORRE

_____

_____

_____

_____

_____

_____

_____

_____

5 de pentáculos: ¿las personas se van, entran o desconocen la iglesia?, ¿de quién es la misión de ayudarlas?

_____

_____

_____

_____

_____

_____

_____

_____

3 de espadas: ¿cómo te sientes antes y después de un «gran llanto»?, ¿cómo puede afectar a tu corazón cambiar tus pensamientos (espadas)? Si la ignorancia equivale a la dicha, ¿a qué equivale la tristeza?

_____

_____

_____

_____

_____

_____

_____

_____

9 de espadas: ¿cómo te sientes cuando despiertas de una pesadilla?, ¿hacia dónde apuntan las espadas?, ¿qué ves en la manta?, ¿qué función cumple una manta?

_____

_____

_____

_____

_____

_____

_____

_____

5 de copas: ¿para qué sirve el puente?, ¿por qué dos de las copas están de pie?, ¿qué debe hacer con ellas la figura afligida?

_____

_____

_____

_____

_____

_____

_____

_____

El lado positivo

El sol: ¿qué pasa si hay demasiado sol?, ¿demasiado calor y demasiada luz?, ¿qué riesgos comporta el exceso de confianza?

_____

_____

_____

_____

_____

_____

_____

_____

El 10 de pentáculos: todo está seguro y establecido. Pero, ¿y si quieres moverte? ¿Tener una aventura? ¿Arriesgarte?

_____

_____

_____

_____

_____

_____

_____

_____

4 de bastos: las flores cortadas no perduran, ¿qué hay después de la fiesta?, ¿cuál es la diferencia entre el placer a corto plazo y la felicidad a largo plazo?

_____

_____

_____

_____

_____

_____

_____

_____

3 de copas: ¿alguna vez te has tropezado bailando?, ¿por qué? Las celebraciones estacionales son geniales, pero ¿qué viene después de la cosecha?

_____

_____

_____

_____

_____

_____

_____

_____

9 de copas: ¿qué hay debajo de esa cortina?, ¿cuál es la diferencia entre la imagen y la vida real?, ¿qué se le escapa al «hombre que lo tiene todo»?

_____

_____

_____

_____

_____

_____

_____

_____

10 de copas: ¿la frase «felices para siempre» es igual a la vida real?, ¿qué ocurre después de saludar?, ¿por qué la pareja nos da la espalda?

_____

_____

_____

_____

_____

_____

_____

As de bastos, copas, espadas, pentáculos: los ases son oportunidades. ¿Alguna vez has perdido una oportunidad? ¿Por qué?

_____

_____

_____

Deconstrucción de la torre

Con el tiempo, si sacas tu carta del día religiosamente, la carta *te dirá* lo que significa: cómo puede ser sutil, tímida, solapada o exagerada. Te hará un recorrido exhaustivo por las zonas grises, que irán apareciendo poco a poco.

La torre tiene fama de ser la carta más estresante del tarot. Pero recuerda que cada carta tiene diversos significados, desde los positivos hasta los negativos. Voy a compartir contigo algunas de las formas en que la torre se ha manifestado para mí a lo largo de las cincuenta y ocho veces registradas (en el momento de escribir esto) que la he sacado.

- **Tormentas eléctricas.** Puedes ver que ésta es probablemente la mejor carta que tiene el tarot para representar rayos y truenos.
- **Obstáculos físicos.** Una vez iba conduciendo y no pude llegar al lugar que quería porque el puente estaba cerrado. Se había derrumbado; se había venido abajo; había sido demolido por una catástrofe natural.
- **Contexto mundano.** Tuve que viajar a Nueva York para un evento. No me gusta ver la torre cuando viajo, pero aceptas lo que te toca y no te preocupas. Pues bien, resultó que, y sólo me di cuenta a mitad del trayecto, el día que fui a Nueva York era el aniversario del 11 de septiembre, algo muy propio de la torre, ¿no? Así que, ya sabes, aleccionador... pero no necesariamente desastroso para mí a nivel personal ese día. Sólo algo para recordar que me afectó.
- **Accidentes menores.** Por ejemplo, un día me cayó arroz por toda la encimera. Hace poco, estaba cocinando al lado del fogón con el quemador encendido y el envoltorio de la carne que estaba cortando estaba demasiado cerca de la llama del quemador y se prendió fuego. No fue gran cosa: saltaron las alarmas de humo, tiré el envoltorio al fregadero y lo mojé con agua.
- **Tropiezos y derrames.** He sacado la torre el día que se me cayó un plato y lo rompí, ¡incluso la vez que a mi hija se le cayó una pila entera de platos!

- **Los problemas de los demás.** Lo he visto en una lectura para un cliente que sufrió daños catastróficos por un incendio en su casa.
- **Derrotas flagrantes.** Una vez, mi hijo, que es esgrimista a nivel profesional, fue derrotado en su primer combate.
- **Entalpía.** Lo saqué el día que escuché, casualmente, un pódcast acerca de la combustión humana espontánea.

Una de mis manifestaciones preferidas de la torre tuvo lugar un día que paseaba por el bosque que pertenece a nuestra propiedad (unos dieciséis acres, por lo que es muy frecuentado) y me encontré con una botella de cerveza que aún estaba precintada. La cogí y pensé: «Bueno, esto es algo que puedo hacer en la torre». Conseguí quitarle el tapón a la botella con una piedra, y la vertí como una libación, poniéndola boca abajo como las personas de la imagen que caen boca abajo. Era una forma de honrar el espíritu de la carta y de cumplir su mensaje.

Volveremos a hablar de ese tipo de cosas, que en realidad es una forma de magia empática, en el capítulo 8. Pero lo que quiero decir es que debes buscar las cartas, incluso las difíciles, para que aparezcan de formas interesantes, creativas, diferentes, a veces fáciles de pasar por alto, incluso humorísticas.

Una de las cosas que me gusta decir es: «Merece la pena deleitarse hasta con el más pequeño de los hijos de la Fortuna».

Por supuesto, habrá un momento en que salga la torre y realmente tengas un día terrible. ¿Y sabes qué? No vas a estar triste porque la torre haya aparecido. No vas a pensar que la torre hizo que tu día fuera terrible. Te darás cuenta de que la torre *valida tu experiencia*. El tarot entiende que has tenido un día nefasto y te lo está diciendo en el único lenguaje que tiene: «¡Sí, tu día fue horrible! Siento tu dolor». Y pensarás: «Qué bien que alguien me entienda». Lo que quiero decir es que no tienes que sentirte mal por sentir cosas reales.

Un último punto: incluso en el peor de los días, siempre hay una respuesta buena y otra mala. Dicho de otro modo: para cualquier carta, ya sea la torre o cualquier otra, es posible obtener una serie de resultados mejores y peores. Cuál ellos aparezca dependerá, al menos en cierta medida, de tus propias acciones. Cuando te comprometes de forma reflexiva con cada una de las cartas, es una forma de reconocer que vas a elegir el mejor camino.

Y ésa es una razón más por la que creo que todo el mundo debería leer el tarot: aprendes que, en cierto nivel, puedes elegir cómo recibes lo que ocurre en tu mundo. Y eso es bueno.

Reflexión sobre tu COTD

Ya has meditado cómo y cuándo vas a barajar y hacer una tirada. Te has preparado mentalmente para sacar cualquier carta. Ahora vamos a hablar sobre cómo iniciar una conversación con esa carta. ¡Sacarla es sólo el principio!

Una vez que hayas sacado tu COTD, es una buena idea hacerle una foto con tu teléfono para poder llevarla contigo todo el día. (También podrías simplemente llevar la carta contigo, pero si eres como yo, eso plantea multitud de complicaciones, desde café derramado a compañeros de trabajo curiosos, pasando por extraviarla en el metro). Porque lo que en realidad hace que la práctica de la COTD tenga repercusión en tu vida es lo que haces con ella después, durante las horas mundanas y cotidianas posteriores. Al buscar la forma en que la carta aparece durante el día, sus *epifanías,* permites que ésta se incorpore a tu vida. No sólo en los momentos más emocionantes, como cuando te casaste, te mudaste a tu primer apartamento o te jubilaste. En cada uno de tus días, el tarot te invita a añadir significado y contexto a lo que ves a tu alrededor en la vida cotidiana.

Los seres humanos somos volátiles. A lo largo de un día normal, pasamos por una extraordinaria variedad de estados de ánimo y perspectivas. A veces estamos animados, otras resignados, otras curiosos, resentidos o aburridos. En un día cualquiera, hay muchos puntos de inflexión, y algunos de ellos son la oportunidad perfecta para reflexionar sobre tu carta. He aquí algunos de ellos:

- Cuando tienes dudas.
- Cuando estás molesto.
- Cuando estás en medio de dos tareas.
- Cuando estás confundido.
- Cuando acaba de suceder algo emocionante.
- Cuando estás… neutral…

En momentos como éstos, en los que entras a la deriva en el mar de tu día a día, es conveniente pedirle a tu carta su perspectiva; una especie de segunda opinión. En un mundo ideal, el tarot actúa como una especie de mejor amigo o, tal vez, como la mejor versión de ti mismo: feliz, seguro y capaz. Porque tu Yo verdadero contiene muchos yoes, y al menos uno de ellos tiene algo importante y de apoyo que ofrecerte en todo momento. A la mejor versión de ti mismo nunca le faltan consejos, apoyo, compañía o conversación. En otras palabras, el tarot es un recordatorio de que nunca necesitas sentirte solo.

Por último: si, como yo, tiendes a estar tan ocupado que te olvidas de pensar en tu carta, puedes programar alarmas aleatorias a lo largo del día para que te recuerden pensar en ella.

Capas de significado: cinco maneras de entender una carta del tarot

Cuando revises tu carta a lo largo del día, sin duda te preguntarás: «¿Cómo empiezo a darle sentido a esta imagen? ¿Cómo comienzo a relacionarla con lo que me ocurre en este momento?». Puede que eches un vistazo a la carta y… nada. No te preocupes, le pasa a todo el mundo. Lo que voy a ofrecerte es una forma de acercarte a esa imagen sistemáticamente, capa por capa, y de escarbar en ella hasta que encuentres lo que buscas.

Capa 1: visual
La primera y más obvia forma de entrar en una carta del tarot: lo que ves es lo que hay. Observa las imágenes visuales de la carta. Ni siquiera pienses en lo que podría simbolizar; sólo mira la imagen.

Si estás viendo el 3 de pentáculos, podrías mirar a tu alrededor y preguntarte: ¿estoy viendo algo que se parezca a esto? ¿Estoy viendo a tres personas en una habitación hablando entre ellas? ¿Estoy en un edificio cuyos elementos arquitectónicos se parecen a esto? ¿Hay un banco en la habitación y tengo que subirme a él para coger ese libro que está en lo alto de mi estantería?

Y aquí va un consejo profesional para trabajar visualmente con las cartas del tarot, especialmente las cartas numéricas: *al tarot le gusta contar.* ¿Ves esos tres pentáculos tallados en el arco? Préstales atención.

Puede que descubras tres monedas en tu bolsillo. Es posible que pases por delante de una casa de empeños, porque su antiguo símbolo posible eran tres bolas de latón en forma de triángulo. A veces se puede ver ese símbolo colgado en el exterior o en un cartel pintado. O puedes comerte tres galletas. (De hecho, no te lo tendría en cuenta si te comieras tres galletas *a propósito* después de sacar esta carta. Ver capítulo 8).

Capa 2: estado de ánimo

¿Cuál es el estado de ánimo o el sentimiento de tu carta? Cada persona verá cosas diferentes (y eso es lo bueno del tarot). Lo que yo veo en el 3 de pentáculos es lo siguiente: tres personas que están muy ocupadas en algo o intentando planear algo. Tal vez estén colaborando o haciendo un esfuerzo por actuar de forma conjunta entre ellos.

A lo largo del día, es muy probable que te encuentres con esta sensación, aunque no se parezca exactamente a la imagen de la carta. Si trabajas en una oficina, por ejemplo, puede que estés hablando con tus compañeros junto a la máquina de café o durante una reunión. Es posible que estés intentando resolver algo con el departamento de marketing, haciendo una serie de llamadas telefónicas o concertando citas.

Si no estás en una oficina (y cada vez somos menos hoy en día), puede que estés hablando con alguien por Zoom o enviando un correo electrónico importante para colaborar en un proyecto. No tiene por *qué parecerse a la carta para sentirte como tal*, eso es lo que quiero decir.

Capa 3: otras personas

La información visual o emocional de la carta no tiene por qué ocurrirte a ti personalmente. Puede ser algo que veas que le ocurre a otra persona. Por ejemplo, puedes pasar por delante de una sala de conferencias y ver a tres personas reunidas. Puedes pasar por delante de una cafetería y ver tres platos en una mesa o a tres personas comiendo juntas.

De hecho, mientras hablamos, estoy mirando por la ventana al patio de mi vecino, donde tres hombres y una retroexcavadora están excavando un nuevo sistema séptico. No están enfadados, inactivos, excitados o inquietos; sólo están haciendo su trabajo. Es el clásico 3 de pentáculos.

Capa 4: lenguaje corporal

Lo bonito de las barajas de tarot como Rider-Waite-Smith, que muestran diversos personajes haciendo muchas cosas, es que están llenos de gestos, poses y actitudes físicas. Te darás cuenta de que, si adoptas la postura de un personaje del tarot, el simple hecho de hacerlo te proporciona muchísima información sobre lo que podría estar experimentando internamente. (¡Inténtalo!).

En el caso del 3 de pentáculos, tenemos tres figuras, cada una en una postura diferente. ¿Ves a la de la derecha, con la fantástica capa de lunares con capucha? Puede que te cruces con alguien que sostiene algo sobre lo que quiere llamar tu atención: un libro, un periódico o un mapa, por ejemplo. O tal vez lo estés haciendo tú mismo. O puede que te des cuenta de que alguien te mira (o mira a otra persona) con aire extremadamente atento, como el monje que está junto al pilar central. Es posible que estés martilleando algo o dibujando algo, como el artesano del banco. Puede que estés diseñando algo, o enseñando a alguien, o incluso cocinando algo, y te encuentres en esa actitud laboriosa.

Capa 5: ¡contenido!

Este último punto es importante y suele ser pasado por alto. Estoy dispuesto a apostar que a lo largo de un día consumes muchísimo contenido: libros, juegos, redes sociales, pódcasts, TikTok, Netflix.

Te pasas el día almacenando contenidos en la mente. Podrías estar leyendo un hilo de Twitter sobre un debate que mantuvieron tres personas, o viendo una charla TED sobre si realmente vivimos o no en tres dimensiones. Podrías estar viendo una serie en Amazon Prime y fijarte en tres personas en un salón hablando de su última crisis, y ese también podría ser tu 3 de pentáculos.

Te contaré un secreto: *el tarot no distingue entre el mundo interior y el exterior. ¿*Y si ocurrió en tu mente y nunca sucedió en el mundo exterior? Para el tarot, eso es tan real como algo que haya sucedido en tu cara o en tu casa.

Lo mismo ocurre con los sueños, incluidas las ensoñaciones.

Por ultimo, es muy posible que te encuentres con capas que vayan más allá de éstas como, por ejemplo, las correspondencias esotéricas.

Después de aprender las correspondencias, probablemente pensarás «Oh, bueno, esto está relacionado con Marte en Capricornio, en el segundo decanato, y Marte está exaltado en Capricornio. Y está relacionado con la sefirá Biná en el árbol de la vida en la cábala, lo que significa que también está relacionado con todas las reinas del tarot». En ese punto, tienes todo lo que asocias con todos esos conceptos (Marte, Capricornio, exaltación, Biná, reinas) que puedes añadir, si lo deseas. ¡La red neuronal que puedes construir a partir de tus exploraciones es infinita!

Lo que quiero decir es que vale la pena tener una capacidad de conocimiento muy amplia sobre tu carta del día y buscarla de maneras que pueden parecer bastante sutiles. El tarot no siempre va a ser evidente, y eso es algo bueno, porque como seres humanos realmente no podemos lidiar con el drama 24/7. Al buscar conexiones con tu carta de esta manera, te estás enseñando a ti mismo a vivir como si estuvieras en un poema o en una obra de arte. Al estar atento a estas pequeñas sincronicidades, empiezas a tener la sensación de que la realidad es fractal; los pequeños patrones reflejan los grandes, y los pequeños no son menos perfectos y complicados que los grandes. Tú eres el caleidoscopio, los trozos de cristal, el espejo y el patrón que surge de éstos. Todo ello.

En resumen, no existe una forma correcta o incorrecta de leer una carta. Sólo hay significado, y eso es lo que buscamos. Nuestras vidas son, literalmente, significativas.

«Sí, pero ¿qué intenta decirme mi carta?»

¿Para qué sirve una baraja de tarot? Si les haces esta pregunta a la mayoría de las personas que no leen el tarot (o a muchas de las que sí lo hacen), sus respuestas probablemente entrarán en cualquiera de estas amplias categorías:

• **Descripción (o «predicción»):** la carta te ofrece una visión de lo que te va a ocurrir a lo largo tu día, o de lo que va a aparecer en tu mundo. Es como un embajador del estado-nación del destino; un representante del destino. Sea cual sea el mensaje que te transmita, no tienes elección. Dependiendo de lo extremas que sean tus opiniones sobre el destino, eso puede significar cualquier cosa, desde «voy a conocer a un desconocido alto, moreno y guapo» hasta «habrá un premio en mis cereales», pasando por «voy a tener un accidente… ¡oh, no!».

- **Prescripción (o «consejo»):** la carta te dice lo que debe o no debe hacer. Como un padre helicóptero o una tía entrometida, te hace advertencias, amonestaciones y exhortaciones. Es un incansable dispensador de consejos y trucos profesionales, y los ignoras por tu cuenta y riesgo. En el escenario modelo, tú respondes y realizas cada una de estas indicaciones de forma impecable durante todo el día.

Creo que hay un problema con estas dos actitudes, la descriptiva y la prescriptiva. Si eres partidario de la visión descriptiva o «predictiva», corres el peligro de quedar atrapado en el fatalismo. Y el peligro de *ello* es que te conviertes en una especie de engranaje de la máquina de tu propia vida, un autómata secuestrado por tu propia creencia en tu propio destino.

Y si eres partidario de la visión prescriptiva o de «consejo», estás renunciando a tu agencia de una manera diferente, de una manera reactiva. ¿De verdad no vas a dar ese paseo en bici este día tan bonito porque te ha salido la torre? No necesitas que el tarot te diga lo que tienes que hacer. Lo más probable es que ya estés rodeado de mucha gente diciéndote lo que tienes que hacer. Tu jefe te dice lo que tienes que hacer. Tu dios te dice lo que tienes que hacer. Tu madre te dice lo que tienes que hacer. ¡Por el amor de Dios, que nadie te diga lo que tienes que hacer en esta parte de tu vida!

Esto es lo que sugiero: en lugar de considerar la tirada de cartas como una prescripción o una descripción, considérala una *invitación*. La carta no tiene por qué decirle lo que va a ocurrir o lo que debes hacer (aunque pueden surgir elementos de ambas cosas). En el mejor de los casos, como hemos dicho, representa la mejor versión de ti mismo. Pero como la mejor versión de ti mismo no siempre está disponible, puedes considerar tu carta como una especie de guía turística. A veces tiene mucho que decir y en ocasiones se queda callada.

Te invita a contemplar algo y a considerar su significado. Te invita a considerar los mejores y peores aspectos de una situación dada y cómo responder. Es un enfatizador. No estás obligado a seguir sus sugerencias, aunque no pasa nada por prestarles atención.

La carta del día es una invitación a recoger el significado de tu carta. Es una invitación a conversar con el destino, a convertirse en un imán para la sincronicidad y la coincidencia. Es una invitación a descubrir tu propia sensación de participar y formar parte de patrones más amplios en este mundo. Y no necesitas que la carta te diga lo que tienes que hacer para sentir la belleza y su poder, ¿verdad?

Tarea 1.3
Lista de control de la carta del día

¡De acuerdo! Tras haberte preparado mentalmente para casi cualquier aparición cartomántica, por catastrófica que ésta sea, estás listo para empezar a practicar tu tirada de la COTD. ¡Alégrate! Porque hoy empieza el resto de tu vida.

Éste es el marco, y recuerda que la carta es una metáfora. Debes ser una persona de mente abierta.

1. Tirada
- Fíjate en la fecha.
- Haz la tirada utilizando la técnica de barajado que te apetezca.
- Fíjate en la carta.
- Fíjate en la baraja si eres de los que usan muchas barajas diferentes.
- Haz una foto de la carta con tu teléfono para poderla consultar fácilmente.

Utiliza todo aquello que puedas intuir/descubrir acerca de la carta, desde su aspecto, su estado de ánimo, su lenguaje corporal, imágenes, palabras clave o correspondencias:

- ¿Cuál puede ser el mensaje positivo de la carta?
- ¿Cuál puede ser el mensaje negativo de la carta?
- De cara al futuro, piensa de cinco a diez cosas que podrían ocurrirte hoy y anótalas. No es necesario que guarden ninguna relación aparente con la carta (aunque es posible que se haga evidente más adelante).

2. Observar
A lo largo del día, busca escenas, momentos o ideas que coincidan con tu carta. Podrían ser:

- Rimas visuales.
- Sentimientos/estados de ánimo.
- Otras personas.
- Gesticulación/lenguaje corporal.
- Referencias de contenido: películas, libros, radio, pódcasts, vídeos, etc.

Lista de control de la carta del día

Fecha: _____

1. Tirada

La(s) carta(s) que he sacado hoy: _____

Haz una foto de la carta con tu teléfono para poder consultarla fácilmente.

Utiliza todo lo que puedas intuir/descubrir sobre la carta, desde su aspecto, su palabra clave o las tablas de correspondencia:

¿Cuál puede ser el mensaje positivo de la carta?

_____

¿Cuál puede ser el mensaje negativo de la carta?

_____

De cara al día, piensa en cinco o diez cosas que podrían ocurrir hoy y anótalas aquí.

_____

_____

_____

_____

2. Observar

A lo largo del día, busca escenas, momentos, ideas que coincidan con tu carta. Pueden ser: rimas visuales, sentimientos/estados de ánimo, otras personas, gestos/lenguaje corporal, referencias de contenido: películas, libros, radio, pódcasts, vídeos.

_____

_____

_____

3. Diálogo

A lo largo del día, experimentarás momentos en los que estarás emocionado, preocupado, en el limbo, sin saber cómo proceder. Son momentos perfectos para comprobarlo y mantener una conversación con la carta.

¿Qué te dice? ¿Te resulta útil su mensaje positivo o negativo?

_____

_____

4. Repaso al final del día

Al final del día, reflexiona: ¿qué cosas significativas han ocurrido hoy? («significativas» puede significar: emocionalmente significativas, que han captado tu atención o que han ocupado gran parte del día). ¿Te parece que alguna de ellas está relacionada con la carta? (Ejemplo: _Tomó una decisión sobre un coche nuevo. El carro = coche_).

_____

_____

_____

_____

_____

_____

_____

_____

_____

_____

_____

Anota los significados que te parezcan especialmente significativos en tu diario de significados de las cartas.

¡Enhorabuena! Aunque sólo consigas dos o tres aciertos, has dado una señal a tu consulta de tarot de que estás abierto a los negocios. ¡Sigue así!

3. Diálogo

A lo largo del día, experimentarás momentos en los que estarás emocionado, preocupado, en el limbo, inseguro sobre cómo proceder o simplemente «en punto muerto». Son momentos perfectos para comprobarlo y mantener una conversación con la carta.

- ¿Qué te dice? ¿Te resulta útil su mensaje positivo o negativo?

4. Repaso al final del día

Al final del día, considere:

- ¿Qué cosas significativas han ocurrido hoy? («Significativo» puede significar momentos que fueron emocionalmente importantes, captaron tu atención u ocuparon gran parte de tu día).
- ¿Alguna de ellas parece estar relacionada con la carta? ¿Cómo? (Ejemplo: *Tomé una decisión sobre un coche nuevo. El carro = coche).*
- Anota los significados que te parezcan en especial significativos en tu diario de significados de las cartas.

¡Enhorabuena! Aunque sólo hayas conseguido dos o tres aciertos, has señalado a tu consulta de tarot que estás abierto al negocio. ¡Sigue así!

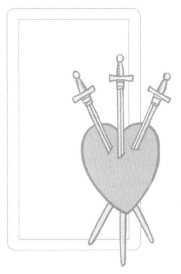 

Tarea final
Diez sincronicidades

Ahora que estás aprendiendo a detectar las «coincidencias significativas» entre el tarot y la vida diaria, ¡vamos a celebrarlas!

Instrucciones

Utiliza la lista de control de la carta del día durante un par de semanas seguidas. A continuación, busca las diez mejores coincidencias, en las que la carta parezca hablar *directamente* de algo de tu día, ya sea un suceso cotidiano que te haya ocurrido, algo que hayas observado o algo en lo que simplemente hayas pensado. Nombra la carta y explica en una o dos frases cuál era la conexión. Si lo deseas, haz una foto para recordar la conexión.

Ejemplos

- As de pentáculos invertido: *¡El botón de encendido de mi portátil empezó a funcionar mal!*
- 5 de pentáculos: *Escuché una historia sobre la política de separación familiar en las noticias. La piscina estaba cerrada cuando fui a nadar, ¡hoy no entreno!*
- 4 de bastos: *¡Mi cumpleaños! Fui de compras y lo celebré con mi esposa.*
- 5 de copas: *Cinco huevos se rompieron cuando se me cayó el recipiente.*
- Rey de bastos: *¡Por fin me he decidido y me he comprado una manta eléctrica! (bastos = fuego = calor)*

- 3 de espadas: *Hoy ha llovido todo el día. (Lluvia en la carta del 3 de espadas).*
- La luna: *¡Una luna llena grande, hermosa y brillante en el cielo esta noche! Me fui a dormir temprano y tuve sueños locos.*
- As de copas: *Instalar el riego por goteo en mi jardín.*
- 10 de espadas: *Mi amigo Alan me habló de la tradición japonesa* del Hari-Kuy, o «misa de *las agujas» (¡un funeral por las agujas rotas!), que casualmente cae en esta fecha.*
- 8 de bastos: *¡Hice funcionar mi bicicleta y salí a dar una vuelta!*
- Caballero de copas: *Nuestro amigo Mike cruzó el río, vino a cenar y contó muchas historias.*
- La muerte: *La muerte con su guadaña era yo con mi cultivador, plantando «cabezas» de ajo. Además, asocio a la muerte con el compost y las tareas del fin de semana. Y estamos en Escorpio, y el ajo siempre se planta en la estación de Escorpio. Por otro lado, asocio a Marte con el ajo, y Marte rige Escorpio. Además, ¡hoy es trece!*[4]

_____

_____

_____

_____

_____

_____

_____

_____

_____

_____

_____

---

4. Este último es un ejemplo bastante extremo respecto al uso de las correspondencias astrológicas. La carta de la muerte está asociada al signo zodiacal de Escorpio en la tradición de la Golden Dawn. Para más información, ver mi libro *Tarot Correspondences.*

Un último apunte antes de pasar al capítulo 2

La información que registras es una mina de oro y debes tratarla como tal. Eso significa que *no debes detenerte y que tienes que recopilarla.*

¿Cómo que no pare? Cuando termines esta última tarea, sigue anotando tus tiradas de cartas de la forma que te resulte más cómoda. Basta con anotar qué carta o cartas has sacado y una frase (o incluso algunas palabras) que describa lo que ha coincidido. Si puedes, también es buena idea anotar cualquier cosa importante que haya sucedido y que *no* parezca coincidir, porque lo más probable es que algún día veas que en realidad sí coincidió.

¿Qué significa llevar un registro? Personalmente, la forma más fácil de llevar un registro de mis tiradas es guardarlo en una hoja de cálculo Excel. No puedo perderla, y además de introducir los datos del día y el conjuro que escribo para la tirada (véase el capítulo 8), tengo todo tipo de algoritmos funcionando dentro de la hoja de cálculo que tabulan las frecuencias de las cartas, las correspondencias astrológicas, las correspondencias numéricas, etc.

Puede que prefieras un método analógico, como sentarte con una copa de vino al final del día y escribir a conciencia con una pluma estilográfica en un precioso diario encuadernado en piel con páginas de pergamino dorado sin ácido. Si eso es lo tuyo, fantástico; ¡tienes mucha más clase que yo! Sólo asegúrate de no tener que renunciar a él cuando vayas a hacer ese gran viaje al extranjero e intentes evitar el recargo por equipaje y pienses: «¿realmente necesito llevármelo conmigo?». La respuesta es *sí*. Así que asegúrate de que tu método de registro no sea demasiado pesado, voluminoso o embarazoso para llevarlo a todas partes. Porque así es como construyes tu lengua, tu comprensión y tu lenguaje privado con la baraja. Y te prometo que, si sigues así, ocurrirá, tan seguro como que la noche le sigue al día.

Capítulo 2
TAROT PASADO

En el primer capítulo de este libro, hemos aprendido a practicar la carta del día, la cual espero que te acompañe el resto de tus días como lector. De hecho, podrías dedicarte *sólo a* las cartas del día durante el resto de tu vida sin probar nunca otra tirada ni leer para nadie más y aun así ser un legítimo tarotista. Pero para que esta práctica sea lo bastante profunda y significativa como para que quieras continuar con ella, necesitarás este capítulo y el siguiente. Los llamo «Tarot pasado » y «Tarot futuro».

El «tarot pasado» y el «tarot futuro» son el corazón latente del tarot viviente. Son el ADN, la red neuronal, la infraestructura crítica de tu relación con el tarot, y te animo a que les dediques todo el tiempo que necesites. De hecho, estas habilidades y ejercicios son tan fundamentales que yo misma los llevo a cabo todo el *tiempo, incluso* ahora, décadas después de mi vida como lectora de tarot, sólo para seguir practicando y mantenerme fluida y flexible en su aplicación.

Tarot pasado: el mundo es tu archivador

He aquí un retrato típico de la vida de un nuevo lector de tarot: empiezas leyendo el Librito Blanco que viene con el libro, como es lógico. Buscas significados en Internet o, si eres un experto, consigues uno de los textos clásicos de tarot, como *Setenta y ocho grados de sabiduría del Tarot*, de Rachel Pollack, o *Tarot para ti mismo*, de Mary Greer; incluso puede que consultes uno de mis libros, como *Tarot Correspondences* o *Depicted Tarot*. Empiezas a absorber definiciones, significados y correspondencias. Y luego, como buen estudiante que eres, intentas memorizarlos. Poco después, esto comienza a volverte un poco loco, por un par de razones distintas:

1 | *Memorizar es difícil.* Requiere el lado izquierdo analítico del cerebro. Que tu cerebro izquierdo esté muy desarrollado no implica que vaya a ser fácil interiorizar cosas con las que nunca antes habías tenido ningún tipo de conexión, más allá de su memorización pura y dura. Para un cerebro que ha evolucionado para manejar un máximo de siete cosas a la vez, setenta y ocho es simplemente un número demasiado grande. No es de extrañar que la gente a menudo se desanime o incluso abandone el intento de aprender tarot porque es demasiado difícil cargar el cerebro con setenta y ocho significados.

2 | *Memorizar es lo contrario de intuir.* Cuanto más te esfuerzas en memorizar, más acabas apagando tu sentido arácnido. Supongamos que tu amigo viene a verte deprimido y le sacas el 5 de pentáculos. Si te concentras en lo que Mercurio, que rige el primer decanato de Tauro, tiene que ver con esa carta, es posible que no te des cuenta de que simplemente te está diciendo que está arruinado, en bancarrota social o que se siente solo.

Pero aquí está la cosa (y la razón por la que en realidad no tienes que memorizar en absoluto): todo en la vida, desde atarse los cordones de los zapatos hasta enamorarse, cruzarse con alguien en el metro o ver vídeos de gatos, está en el tarot.

Si estás intentando memorizar significados, tu línea de pensamiento puede ser algo así: *Mi librito blanco dice que la templanza, y el 2 de pentáculos, y el 2 de espadas, y el juicio, y el mundo, todos podrían significar «equilibrio». Vale, ¿qué aspecto tiene el equilibrio en mi vida? Soy yo haciendo malabares con las prioridades de la vida laboral. Soy yo literalmente intentando aprender a montar en bici, o patinando sobre hielo por primera vez. Es comer sano. Es tener buenos límites.*

Antes de que te des cuenta, todo y nada empieza a estar en «equilibrio». ¿Y cómo saber siquiera qué tipo de equilibrio va con cada carta? Pero si partimos del propio ejemplo concreto es otra historia. Supongamos que acabas de divorciarte y el juez por fin ha dictado sentencia sobre el convenio de manutención de tus hijos. Por supuesto que no es una situación agradable, pero sabes que es justa y te alegras de haber terminado con ese proceso. Miras tu baraja de tarot, y en este caso, ¡es obvio para ti!, la justicia es la carta que te habla.

He aquí otro par de ejemplos: seguro que alguna vez te han roto el corazón. Si has experimentado ese tipo de dolor, no te resultará difícil reconocerlo cuando mires el 3 de espadas (cuyo título hermético es en realidad el «Señor del Dolor»). «Ah, conozco esa carta», piensas con angustia. Del mismo modo, probablemente hayas disfrutado al salir con los amigos a tomar algo. Es fácil mirar a tu alrededor cuando estás de juerga y pensar: «Esto es como el 3 de copas».

A diferencia de los miles de acontecimientos concretos que conforman nuestras vidas, una carta del tarot es difusa por sus bordes. Se resiste a ser especificada. Imagina que trabajas en el supermercado y te pregunto dónde puedo encontrar algo que me «llene». No sabes si me refiero a una pizza, un filete, una barra de pan de masa madre o una salsa de tres judías. Acabamos mirándonos fijamente, cada vez más frustrados.

Pero si te pregunto dónde puedo encontrar una patata, sabes muy bien dónde está y enseguida puedes indicarme que se encuentra en el segundo pasillo.

En otras palabras, es mucho más fácil empezar por lo que conoces. Porque el tarot es simplemente una forma de describir todo aquello con lo que ya estás familiarizado en la vida, todas las cosas con las que naciste, todo lo que te ha convertido en la persona estupenda que eres hoy. Lo que hacemos en «tarot pasado», y ciertamente no soy la primera tarotista o profesora que utiliza esta técnica, es observar el mundo que nos rodea. Encontramos algunas cosas comunes que todos experimentamos en nuestra vida cotidiana, y averiguamos a qué cartas del tarot se corresponden.

Como sólo hay setenta y ocho cartas, de hecho, cada carta va a tener siempre muchísimos significados. (Y a veces también es cierto que dos cartas diferentes pueden significar lo mismo. Al igual que tenemos sinónimos en el lenguaje, los hay en toda la baraja). Pero al trabajar desde atrás a partir de las cosas que ya sabes, estás desarrollando un lenguaje. Estás desarrollando una forma de pensar sobre el mundo metafóricamente con la que podrás traducir cualquier cosa que veas al tarot, y luego del tarot a tu vida real.

Tarot pasado versus tarot futuro: tú eres el cartógrafo

El pensamiento sistemático y la memorización también tienen beneficios. Creo que en cada uno de nosotros hay un poco (o mucho) de capacidad cerebral izquierda, y el tarot puede aprovecharla. Y aquí es donde entran en juego las correspondencias.

Las correspondencias (por ejemplo: el ermitaño corresponde al signo de Virgo; las cartas menores numeradas 5 corresponden a las ordalías) son lo que a mí me gusta llamar *Forward Tarot o tarot futuro*. El tarot futuro es como un andamio, un esquema, una red neuronal de conceptos asociados. Te permite proyectar, rellenar los huecos de aquellas partes de tu vida que no parecen unirse de forma obvia con una carta del tarot.

Mediante el uso de correspondencias, se crea una red de significados, un sistema para conectar los puntos para que pueda encontrar lo que es en tu vida que se une metafísica, metafórica o simbólicamente con una carta del tarot. El tarot futuro extiende el alcance de cada carta del tarot para que pueda caber más en ella. Es algo así como un mapa; un mapa que te permite ir a lugares donde nunca has estado.

Puede que nunca hayas estado en el Ártico, pero sabes que si sigues viajando hacia el norte, acabarás llegando hasta allí. Las correspondencias son así: te dan las herramientas que necesitas para ir más allá de lo que ya sabes.

El tarot pasado es algo propio del hemisferio derecho del cerebro, donde intuitivamente captas la naturaleza de lo que estás pensando y simplemente lo asignas a una carta. El tarot futuro es una forma de proyectar y construir sistemas que te permitan encontrar un mayor número de esas conexiones y vincularlas de nuevo a las cartas. De hecho, puedes utilizar los sistemas de correspondencia que heredamos de la Golden Dawn a través del tarot Rider-Waite-Smith. Sin embargo, te animo a que también intentes inventar algunas correspondencias propias, porque las asimilarás mejor. El tarot pasado proporciona contenido; el tarot futuro facilita estructura; por eso, en realidad, necesitas a ambos.

Si quieres usar una analogía de aprendizaje de idiomas, el tarot pasado es como enseñar a alguien un idioma que ya conoce. Si alguien te pregunta las reglas para decir la palabra «para» en lugar de «a» o el término «hacia», probablemente las dirías en tu cabeza para ver cómo las usas y luego inventarías una regla. Es como el tarot pasado.

Mientras que si estás *aprendiendo* un idioma desde cero, es posible que en algún momento tengas que consultar una tabla o un gráfico que te proporcione una estructura gramatical y memorices esas reglas hasta que las interiorices. Eso es tarot futuro, y hablaremos de ello en el capítulo 3.

Capítulo 2: tareas: visión general

En este capítulo vas a hacer ocho tareas diferentes: dos para los arcanos mayores, dos para los arcanos menores, dos para las cortes, una para los cuatro palos en general, y luego una tarea final poniendo en práctica lo que has aprendido.

Cada una de estas tareas contiene un conjunto de vocabulario, un conjunto de ideas que describen la experiencia humana. Cada una de ellas proporciona un conjunto limitado de cartas de tarot para que las combines con esas experiencias.

He incluido tanto tipos de experiencias *internas* como *externas*. Por ejemplo, *internamente,* el emperador podría representar la sensación de decisión. Pero, por otro lado, también podría representar a los jefes que has tenido, o a tu padre, o al presidente… Todos ellos son *externos*. (A menos que seas el presidente, supongo, en cuyo caso, me siento honrado de tratar contigo, pero creo que deberías dejar de leer este libro y volver al proyecto de ley de infraestructuras).

No te preocupes si las cartas que se te ocurren no se ajustan exactamente a los conceptos.

También es posible que tengas más de una carta para cada concepto, o más de un concepto para cada carta. Como ya he dicho antes, la baraja está llena de sinónimos de la misma manera que nuestro lenguaje está repleto de sinónimos: no es una cosa de uno a uno. Por ejemplo, la experiencia de estar solo podría ser el 5 de pentáculos, pero también el ermitaño o la reina de espadas.

Aunque podría aparecer en muchas cartas diferentes, no va a aparecer en *todas*; dudo mucho que encuentres la experiencia de estar solo en el 3 de copas.

ACUOSIDAD
FLUIDEZ
VARIABILIDAD

PUREZA VIRGINAL
SAGRADA FEMENINA

arco y flecha

«todo olores dulces y virginales»

azul claro frío

cristal

lily

piedra lunar

señorita

ARTEMIS

ciervo

LOTO   LOCURA

Perséfone

perla

mirra

madre

alcanfor LA GRAN SACERDOTISA INFRAMUNDO

agua

sabiduría

arpía

granadas

noche

Kether (Corona)

hammamelis LUNA

Tiphareth (Belleza)

Hécate

CAMELLO dormir

ISIS Sacerdotisa de la
estrella de plata

amapola

SUEÑOS jazmín

SECRETOS
MISTERIOSOS
MÁGICOS

VIAJE ENTRE
REINOS

El objetivo de estos ejercicios es empezar a establecer conexiones y construir el lenguaje por ti mismo. Y este proceso nunca termina, aunque lleves leyendo el tarot durante muchísimos años. Supón que un día te encuentras con una experiencia nueva: digamos que estás en la televisión por primera vez. Cuando tengas un momento para serenarte, te preguntarás: «¿Qué carta puede ser ésta?». Y después de pensarlo un par de minutos, te darás cuenta de que es una carta relacionada con la fama (digamos, el 6 de bastos), o con la experiencia (por ejemplo, el ermitaño), o con sentirse cohibido (como la luna), o con ser popular (por ejemplo, el 3 de copas), en función de cómo te sientas en ese momento.

A medida que vayas realizando estas tareas, deberás ir añadiendo los significados que vayas recopilando en el diario, la carpeta o la hoja de cálculo que hayas decidido utilizar. Supongamos que has emparejado la soledad con el ermitaño: irás a la página (o entrada) del ermitaño y anotarás «soledad». Así es como construirás tu almacén de significados para cada carta, hasta que cada una esté rodeada de lo que Jung llamó la «nube difusa de cognición».[1]

En la página anterior hay una «nube de cognición» que utilizo para la gran sacerdotisa.

Una nota final antes de profundizar: la experiencia humana es, por supuesto, infinita, pero este libro no lo es. Los conceptos y términos que he introducido en estas tareas son sólo el principio. Si quieres añadir los tuyos propios, no dudes en hacerlo.

Tarea 2.1
Arcanos mayores: los pilares de la personalidad

A medida que avancemos en tarot pasado, vamos a tratar de encontrar significados tanto internos como externos. En el caso de los arcanos mayores, voy a llamar a los significados internos «bloques de construcción de la personalidad». Son aspectos universales del carácter; por ejemplo, la perseverancia, la autodisciplina, la paciencia o la curiosidad.

Instrucciones

1 | Extiende los veintidós arcanos mayores delante de ti.

2 | Echa un vistazo a esta lista de cualidades y características internas. Piensa en cada una de ellas y busca qué carta te recuerda esa cualidad. Anótala en el cuadro adjunto. No hay respuestas correctas o incorrectas.

3 | Añade a la lista otras cualidades/características que se te ocurran. Intenta ceñirte a los elementos básicos del carácter en lugar de a estados de ánimo pasajeros como la frustración, el nerviosismo o la satisfacción (los trataremos más en los arcanos menores).

integridad | autodisciplina | altruismo | obsesión | perseverancia
imaginación/visión | paciencia | liderazgo/decisión | mente abierta
creatividad | aspiración | autoconocimiento | resistencia | objetividad/justicia
flexibilidad | autorregulación | tradición/principios recibidos | libre albedrío/elección
esperanza | introspección | resiliencia | articulación | fuerza
lógica/razonamiento | ingenio | intuición | conocimiento

---

1. C. G. Jung, *Memories, Dreams, Reflections* Nueva York: Random House, 1965 pág. 308.

EL LOCO

EL MAGO

LA SACERDOTISA

LA EMPERATRIZ

EL EMPERADOR

EL HIEROFANTE

_____

LOS ENAMORADOS

EL CARRO

FUERZA

EL ERMITAÑO

RUEDA de la FORTUNA

JUSTICIA

_____

EL AHORCADO

MUERTE

TEMPLANZA

EL DIABLO

LA TORRE

LA ESTRELLA

_____

LA LUNA

EL SOL

JUICIO

EL MUNDO

_____

Tarea 2.2
Arcanos mayores del pasado: tendencias

Mientras que el valor, la fuerza o la perseverancia pueden ser cualidades internas, la tarea «Tendencias» se centra en las cosas que te ocurren, que experimentas como externas a ti mismo: inicios, finales, correcciones de rumbo o accidentes.

cambio | navegación tranquila | crisis | situaciones inciertas | encrucijadas
puntos de inflexión | pruebas y calvarios | accidentes | coincidencias | secretos
crecimiento/expansión | declive | avance | estancamiento | golpes de suerte
finales | rutinas o hábitos | decisiones | correcciones del rumbo | búsqueda de respuestas
retirada | riesgo e innovación | cultivo | vigilia y espera | adaptación
preguntar a un experto | planes a largo plazo | transmisión/legados | rendiciones

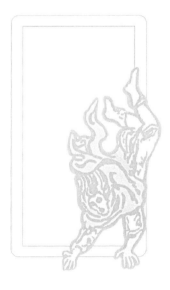

EL LOCO

EL MAGO

LA SACERDOTISA

LA EMPERATRIZ

EL EMPERADOR

EL HIEROFANTE

LOS ENAMORADOS

EL CARRO

FUERZA

EL ERMITAÑO

RUEDA de LA FORTUNA

JUSTICIA

EL AHORCADO

MUERTE

TEMPLANZA

EL DIABLO

LA TORRE

LA ESTRELLA

LA LUNA

EL SOL

JUICIO

EL MUNDO

Tarea 2.3
Los cuatro palos del pasado: elementos

Antes de pasar a los arcanos menores, vamos a echar un vistazo a los cuatro palos. Por lo general, creo que la gente puede inventar sus propias correspondencias, pero cuando se trata de los cuatro palos, es conveniente ceñirse más a las reglas. Los cuatro elementos tradicionales, fuego, agua, aire y tierra, corresponden a los cuatro palos del tarot por diseño. Si utilizas cualquier baraja tradicional de la Golden Dawn (es decir, Rider-Waite-Smith, Thoth y todos sus descendientes en el mundo angloparlante), esos cuatro elementos van a coincidir estructuralmente con los palos de la siguiente manera:

Fuego = bastos
Agua = copas
Aire = espadas
Tierra = pentáculos o discos

Evidentemente, hay tradiciones en las que serán algo diferente (el fuego y el aire, en particular, tienen tendencia a intercambiarse). Pero si te vas a meter en las correspondencias con una baraja convencional, es mejor que empieces con estas suposiciones, ya que las cosas cobrarán mucho más sentido después si lo haces.

Echa un vistazo a las cualidades de la lista y decide cómo quieres asignarlas a los cuatro palos. Algunas serán bastante sencillas. Por ejemplo, lo más probable es que asignes «sentimientos» al agua, porque prácticamente todo el mundo asocia los sentimientos con las copas. Sin embargo, hay otros pueden hacerte pensar. Por ejemplo, la idea de «apetitos». Algunos dirán que está asociada a la tierra porque tiene que ver con los cuerpos y las cosas que se consumen. Pero otros afirmarán que está asociada al fuego, porque es un impulso o hambre, algo relacionado con la fuerza vital. Hay cierta flexibilidad en la interpretación, y eso está bien.

¿Existe una respuesta tradicional «correcta» para las cuatro direcciones de la brújula y para las cualidades humorales (fresco, húmedo, cálido, seco, etc.)? Sí. Si quieres, puedes buscarlas. Pero también puedes asignarlas de la forma que te parezca más intuitiva. Si no asignas «húmedo» a «agua», no sé de dónde vienes, pero para gustos los colores.

Instrucciones

1 | Coloca en el centro de tu área de trabajo los cuatro símbolos elementales como se indica en la imagen. También puedes utilizar objetos físicos que los representen, como una vela, un vaso de agua, una pluma y una roca. Igualmente puedes escribir las palabras en el centro de una hoja de papel.

2 | Separa los cuatro palos de tu baraja y clasifícalos en bastos, copas, espadas y pentáculos. (No te preocupes de los arcanos mayores, al menos por ahora).

3 | Abre en abanico los bastos en el cuadrante de fuego, las copas en el cuadrante de agua, las espadas en el cuadrante de aire y los pentáculos en el cuadrante de tierra.

4 | Asigna los siguientes términos y conceptos, uno a cada cuadrante.

fresco y húmedo | fresco y seco | cálido y seco | cálido y húmedo | norte
este | sur | oeste | bienes y productos | modelos | apetitos
intimidad | impulsos | ambición | expectativas | sentimientos | creencias
dinero | deseo | comodidades | conexión | inspiración | comida
sexo | palabras | rutinas | arte | acción | cuerpos | aventura
intelecto | recursos materiales | conflictos | liderazgo | intuición
argumentos | creaciones | espiritualidad | empatía | cuidado

Tarea 2.4
Arcanos menores del pasado: estados de ánimo

Una forma fácil de captar la esencia de cada carta de los arcanos menores es pensar en ella como un estado de ánimo. En muchos casos, puedes hacerte una idea del estado de ánimo que expresa la carta con sólo examinar la cara de la figura que aparece en ella. Pero incluso en los casos en los que no hay figuras humanas (¡te estoy mirando, 3 de espadas y 8 de bastos!), por lo general se puede captar una sensación de ambiente emocional.

Instrucciones
1 | Extiende los cuarenta menores delante de ti.
2 | Observa la siguiente lista y empareja estados de ánimo con los menores. No tienen por qué ser coincidencias exactas: a veces se aplicará más de un término a la misma carta, ¡y no dudes en añadir los de tu propia cosecha! Asigna al menos una palabra clave de estado de ánimo a cada carta menor. Recuerda que *no hay respuestas incorrectas*. Elige la que te parezca más adecuada.

tranquilo | enfadado | curioso | aburrido | excitado | simpático
angustiado | terco | cariñoso | satisfecho | defensivo | amistoso
ansioso | decidido | anticipado | feliz | frustrado | resentido
argumentativo | exasperado | respetuoso | afligido | compasivo
autocompasivo | pensativo | liberado | vigilante
solitario | centrado | frenético | demasiado confiado | soñador | nutritivo
hiriente | complaciente | agotado | cauteloso | abrumado
incrédulo | fascinado | orgulloso | petulante | sin aliento | combativo
desconfiado | distraído | incierto | dudoso | triste | avergonzado
satisfecho | regodeándose | desesperado | paciente | contento

_____ _____ _____ _____ _____

_____ _____ _____ _____ _____

_____ _____ _____ _____ _____

_____ _____ _____ _____ _____

Tarea 2.5
Arcanos menores del pasado: situaciones cotidianas

En esta tarea, te plantearás cuarenta situaciones cotidianas fácilmente reconocibles en tu propia vida. Para facilitarte las cosas, las he dividido por palos. Para cada palo considerarás diez experiencias vitales distintas, aunque muy cotidianas, y las asignarás a una carta del palo correspondiente. Puede que no estés de acuerdo con cada una de las experiencias vitales que he descrito.

No pasa nada. Puedes crear tus propios escenarios, siempre y cuando hagas al menos uno para cada carta.

Bastos

- He enviado mi solicitud de subvención. Cruzo los dedos.
- He trasladado a mi madre a una residencia.
- ¡Una idea brillante para un nuevo juego!
- Miramos casas nuevas.
- Ha salido el artículo sobre mi proyecto.
- Debate sobre «de quién es el trabajo» de hacer la tarea tonta.
- Muchas entregas de Amazon en el correo.
- Fui a una boda el fin de semana.
- Me he esforzado mucho en mi entrenamiento.
- Lo he hecho todo incluso con dolor de cabeza. Así de duro soy.

Copas

- Encantadora salida de cumpleaños al teatro.
- Fui al bautizo de mi sobrina.
- Me alejé de una discusión.
- Netflix y relax.
- Contemplamos una espectacular puesta de sol después de la lluvia.
- Fui al funeral de mi abuelo.
- Noche de chicas.
- He plantado un jardín de flores con mis hijos.
- He asistido a una fiesta de graduación.
- He comprado medio litro de leche.

AS de COPAS

_____
_____
_____

II

_____
_____
_____

III

_____
_____
_____

_____
_____
_____

V

_____
_____
_____

VI

_____
_____
_____

VII

_____
_____
_____

VIII

_____
_____
_____

IX

_____
_____
_____

X

_____
_____
_____

Espadas

- Medié en una disputa entre mi hermano y mi tía.
- Empecé a mirar ofertas de trabajo para poder salir de esta pocilga.
- Me clavé una astilla pensando en mi ex.
- He tenido una larga meditación matutina.
- ¿Quién se va a enterar si cojo para mí unas notas adhesivas del armario de material?
- Realmente cansado y desanimado; sólo quería volver a la cama.
- Escuché que Lauren de la secundaria se convirtió en CEO la semana pasada. Uf.
- Finalmente he cortado ese árbol de maleza en el patio de atrás.
- Frustrado por problemas técnicos en el trabajo.
- Me desperté con un sudor frío. Pensé que me había quedado dormido el gran día.

AS de ESPADAS

_____

_____

_____

_____

_____

_____

_____

_____

_____

_____

_____

_____

_____

_____

_____

_____

_____

_____

_____

_____

_____

_____

_____

_____

_____

_____

_____

_____

_____

_____

Pentáculos

- ¡Reunión familiar! Totalmente exagerado.
- Ingresé dinero en mi plan de pensiones.
- Recibí una pequeña bonificación y la invertí en mejoras para el hogar.
- Decoré mi apartamento de soltero y enamorado.
- Pasé todo el día plantando bulbos. Espero que crezcan la próxima primavera.
- ¡Oportunidad de ascenso!
- Tropecé fuera de la iglesia y me torcí el tobillo.
- He colaborado con éxito en algo con mis colegas.
- Me implico en un proyecto y me quedo hasta tarde en el trabajo.
- Multitarea como un campeón.

AS de PENTÁCULOS

_____

_____

_____

_____

_____

_____

_____

_____

_____

_____

_____

_____

_____

_____

_____

_____

_____

_____

_____

_____

_____

_____

_____

_____

_____

_____

_____

_____

_____

_____

Tarea 2.6
Cartas de la corte del pasado: personas y profesiones

Interpretar las dieciséis cartas de la corte de una baraja de tarot es una labor francamente difícil. Así que para este ejercicio, vamos a empezar con algunas palabras clave de categoría y palo para complementar lo que ves en cada carta. Puedes sustituirlas a tu antojo por tus propias palabras clave, incluidas las que se te acaban de ocurrir en la tarea 2.3: cuatro palos del pasado.

Por ejemplo, consideremos la formidable reina de espadas. Si utilizo las palabras clave *conectar* para Reina y *pensamientos/palabras/conflictos* para Espadas, sé que la reina de espadas debe ser una *conectora de pensamientos o palabras*. Cuando miro la lista de profesiones, veo «editor» y sé que un editor conecta pensamientos y palabras, así que sé que ése es un papel que puede desempeñar esta carta de la corte.

Instrucciones

1 | Empieza usando palabras clave para describir cada carta de la corte; por ejemplo, *conector de pensamientos* para reina de espadas. Puedes utilizar las palabras clave que he sugerido o inventar tu propio argot.

Página: reflexionar o estudiar; mensajeros

Caballero: actuar o reaccionar; agentes

Reina: conectar; expertos en patrones

Rey: guiar/dirigir; estrategas

Bastos: impulsos/ambiciones/apetitos; fuego

Copas: emociones/arte/espiritualidad; agua

Espadas: pensamientos/palabras/conflictos; aire

Pentáculos: cosas/cuerpos/dinero/alimentos; tierra

2 | Observa la siguiente lista de personas y profesiones. Emparéjalas con una carta de la corte, utilizando palabras clave, símbolos de las cartas, expresiones faciales, lenguaje corporal o lo que te resulte más fácil. Recuerda que se trata de lógica difusa: a veces se aplicará más de un término a la misma carta, y no dudes en añadir los tuyos propios. Asigna al menos una palabra clave de la profesión a cada carta de la corte. Recuerda que *no hay respuestas incorrectas.*

3 | Inventa más profesiones si lo deseas.

estudiante | bibliotecario | empresario | adivino | socialité | camarero

jardinero | artista | maestro/profesor | líder espiritual | general

inventor | cocinero/chef | contable | gorila | atleta

masajista | administrador | periodista | médico

propietario de pensión | empleado de almacén | ganadero | trabajador de la construcción

veterinario | guardaespaldas | actor | camionero | ingeniero informático

mensajero | vendedor | diseñador web | acróbata | recaudador de fondos

productor de cine | locutor deportivo | ingeniero mecánico | psicoterapeuta

estrella del rock | piloto | editor | coreógrafo | costurera | fontanero

diseñador de coches | espía | policía | diplomático | objetor de conciencia

SOTA de BASTOS

CABALLO de BASTOS

REINA de BASTOS

REY de BASTOS

SOTA de COPAS

CABALLO de COPAS

REINA de COPAS

REY de COPAS

SOTA de ESPADAS

CABALLO de ESPADAS

REINA de ESPADAS

REY de ESPADAS

SOTA de PENTÁCULOS

CABALLO de PENTÁCULOS

REINA de PENTÁCULOS

REY de PENTÁCULOS

Tarea 2.7
Cartas de la corte del pasado: etiquetas

Soy de los que piensa que en la vida real las etiquetas son del todo inútiles. Al fin y al cabo, cada uno de nosotros está formado por matices, complejidades y tridimensionalidades: ¡en mí hay multitud de eso! Y en ti también. Son caricaturas descaradas, sombras de nosotros mismos que proyectamos en otros seres humanos (y, en momentos de debilidad, hacia nosotros mismos).

Espero que, en el fondo de tu corazón, no te consideres un farsante, un narcisista ni un maniático del control. Pero dicho esto, estas caracterizaciones de dibujos animados son tan extremas que pueden ayudarnos a entender algunas de las imágenes que proyectan las cartas de la corte, papeles que estas cartas, y nosotros también, podemos desempeñar de vez en cuando. Además, es divertido.

Instrucciones

1 | Consulta la lista de palabras clave del ejercicio anterior.
2 | Observa la siguiente lista de etiquetas. Emparéjalas con una carta de la corte, utilizando palabras clave, símbolos de las cartas, expresiones faciales, lenguaje corporal o lo que te resulte más útil.

   Recuerda que se trata de lógica difusa: a veces se aplicará más de un término a la misma carta, y no dudes en añadir los tuyos propios. Asigna al menos una etiqueta a cada carta de la corte. Recuerda que *no hay respuestas incorrectas*.
3 | Añade más etiquetas si lo deseas.

consumidor | seductor | holgazán | influenciable | pretencioso | artista
estafador | veterano ilustre | pacificador | vividor | sociable
timador | abeja reina | coqueto | manipulador | padre helicóptero
narcisista | sobresaliente | vago | sabiondo | empollón | deportista
súper honrado | hipster | sofisticado | maniático del control | bala perdida
habilitador | matón | copito de nieve | amante de la moda

SOTA de BASTOS

CABALLO de BASTOS

REINA de BASTOS

REY de BASTOS

SOTA de COPAS

CABALLO de COPAS

REINA de COPAS

REY de COPAS

SOTA de ESPADAS

CABALLO de ESPADAS

REINA de ESPADAS

REY de ESPADAS

SOTA de PENTÁCULOS

CABALLO de PENTÁCULOS

REINA de PENTÁCULOS

REY de PENTÁCULOS

Tarea final
Retrato de un día

¡Enhorabuena! Has llegado al final del tarot del pasado. Es hora de darle una vuelta más a tu lenguaje del tarot, que se está desarrollando rápidamente. En el último capítulo, has buscado coincidencias con una carta elegida para ti por el destino. En este capítulo, como estamos trabajando el pasado, serás tú quien elija de manera deliberada las cartas para describir tu día.

Instrucciones

1 | Elige un día para observarlo detenidamente en todos sus aspectos. Presta atención a las circunstancias que se escapan de tu control y a cómo reaccionaste ante ellas (lo que podría recordarte las «tendencias» o «bloques de construcción de la personalidad» que observaste en tus tareas de arcanos mayores), a los sentimientos que experimentaste y las cosas que sucedieron (lo que podría recordarte los «estados de ánimo» y los «hechos cotidianos» en los que pensaste en tus tareas de arcanos menores), y a las personas que encontraste y los roles que cumplieron (lo que podría recordarte las «profesiones» y «etiquetas» que meditaste en tus tareas de cartas de la corte).

2 | Elabora una lista de lo que se indica a continuación:
- Circunstancias ajenas a tu voluntad o no imputables a ti.
  - Describir utilizando especialidades.
- Temas en los que has pensado.
  - Describir utilizando especialidades.
- Estados de ánimo experimentados.
  - Describir el uso de menores.
- Cosas que han sucedido, que también pueden incluir cosas que leíste u oíste, o que les sucedieron a otras personas de tu entorno.
  - Describir el uso de menores.
- Personas con las que te encontraste.
  - Describir el uso de las cortes.

3 | Intenta averiguar qué carta del tarot representa cada uno de estos diferentes componentes de tu día. Elige una carta que describa cada uno de ellos y, si no es obvio, anota qué te ha llevado a elegirla. Intenta idear al menos diez cartas para formar el retrato de tu día.

¿Necesitas ejemplos?

• **Circunstancias fuera de mi control:** hoy ha hecho un día realmente bonito y caluroso. El aire acondicionado del coche no funcionaba, así que he bajado las ventanillas.

    - El sol.

• **Temas en los que pensé:** miré mis viejas fotos del anuario y pensé en cuánto han cambiado nuestras vidas desde la graduación. Apenas me reconozco.

    - Muerte.

• **Estados de ánimo que experimenté:** ¡le puse col rizada al pastel de carne de mi hijo y le encantó! Me sentí malvada pero ingeniosa.

    - 7 de espadas.

• **Cosas que pasaron:** fui a dar un paseo al parque canino. Todo el mundo parecía estar de muy buen humor. ¡Vi literalmente un arcoíris!

    - 10 de copas.

• **Gente con la que me encontré:** me encontré con mi tío, que me habló del curso de cata de vinos que acababa de hacer y de lo mucho que le había gustado.

    - Rey de pentáculos.

4 | ¡Tu turno!

• **Circunstancias fuera de mi control:**

_____

_____

_____

- Carta: _____

• **Temas en los que he pensado:**

_____

_____

_____

- Carta: _____

• **Estados de ánimo que experimenté:**

_____

_____

_____

- Carta: _____

• **Cosas que pasaron:**

_____

_____

_____

- Carta: _____

• **Gente con la que me encontré:**

_____

_____

_____

- Carta: _____

Capítulo 3
TAROT FUTURO

Tú también puedes mapear la realidad.

El tarot futuro trabaja con cosas que ya conoces. El tarot futuro te ayuda a desarrollar palabras clave, sistemas, cadenas de asociación, una especie de andamiaje estructural que te permite explorar las dimensiones subsuperficiales de cada carta. Por ejemplo, podrías observar el 4 de pentáculos y ver sólo la idea de tacañería. Pero si junto al concepto que asocio a los 4 («reunión») con el concepto que asocio a los pentáculos («recursos materiales») dispongo de un mapa, lo puedo utilizar para ir en muchas direcciones distintas. La *«acumulación* de recursos *materiales»* podría ser, en efecto, la tacañería; pero a su vez podría ser un banco, o una empresa, o incluso una familia, ya que las familias suelen poner en común (o «reunir») sus ganancias (o «recursos materiales»).

Ahora bien, puedes observar con razón que este tipo de palabras clave aparecen en todos los Libritos blancos que vienen con una baraja de tarot. ¿Por qué hay que inventar más? Aquí está la respuesta: el proceso de crecimiento de esas palabras clave desde cero, de manera sistemática, significa que se asimilan mucho mejor que si simplemente memorizas la noción de alguien más sobre una carta determinada.

El tarot es un cielo repleto de estrellas. Y tú eres el responsable de nombrar las constelaciones como si fueras el primer ser humano en verlas. A medida que esa hermosa red de asociaciones crece en tu mente, serás capaz de describir cualquier cosa en la vida mediante una carta del tarot.

Tarot Futuro, entonces, es construir sistemas de correspondencias. «Pero, ¡espera! –podrías preguntar, astutamente–. ¿No existen ya sistemas de correspondencias para el tarot?» ¡Pues claro que los hay! La Orden Hermética de la Aurora Dorada (de la que, en 1910, surgió la baraja de tarot Rider-Waite-Smith, como Afrodita emergiendo del mar) asignó todo tipo de correspondencias a las cartas. Escribí un libro completo acerca de ellas y las utilizo una y otra vez[1]. Si te gusta la astrología, la cábala hermética o la magia renacentista, puede que también te guste utilizarlas.

Pero la idea de esta sección es que *no tienes por qué hacerlo*. Las correspondencias de la Aurora Dorada son simplemente un sistema que se le ocurrió a alguien, y tú también eres alguien. Eres un ser humano con una conciencia activa y una imaginación sana, lo que significa que tienes una idea tan buena de lo que significa el número cuatro como cualquier otra persona. Y vas a usar esos recursos innatos que tienes para desarrollar tus propias correspondencias, es decir, tu propia visión de rayos X que te permita ver *a través de la* superficie de la carta y dentro de la «nube de cognición» que la rodea.

Todos los caminos llevan a Roma

A veces será fácil averiguar qué carta se asocia con algún aspecto de tu vida. En otras ocasiones puede que no sea tan fácil. Por ejemplo, en el capítulo anterior mencioné atarse los cordones de los zapatos. Personalmente, asocio el 2 de pentáculos con atarme los zapatos. ¿Por qué? Por muchas razones:

- Tiene un signo de infinito que parecen cordones de zapato.
- Su título hermético es el «Señor del Cambio». Me ato los cordones cuando estoy a punto de pasar de una parte del día a otra.
- Se asocia con el planeta Júpiter en el signo de Capricornio, regido por Saturno. Júpiter y Saturno representan los conceptos de libertad y limitación, respectivamente. Cuando me ato los zapatos, estoy limitando la forma en que pueden relacionarse con

---

1. Susan Chang, *Tarot Correspondences: Ancient Secrets for Everyday Readers*. Woodbury, MN: Llewellyn Publications, 2018.

mi cuerpo. Los estoy atando (Saturno) a mis pies, lo que me da libertad (Júpiter) para hacer todo tipo de cosas.

Como puedes ver, utilizo correspondencias para ayudarme a llegar hasta allí: correspondencias zodiacales, correspondencias planetarias, la correspondencia simbólica del signo del infinito y el título hermético. *Pero no es necesario.* Por ejemplo, puede que asocies el 7 de bastos con atarte los zapatos. Esto podría deberse a que:

- Tenías un entrenador que siempre vestía de verde y te decía una y otra vez que te ataras las zapatillas antes del entrenamiento.
- Es un 7, y atarse los zapatos es algo que se hace a las 7 de la mañana todas las mañanas.
- Si nos fijamos en el zapato derecho de la figura del 7 de bastos, *podemos ver un cordón desatado.*

Lo que quiero decir es que no importa *cómo se te* ocurra qué carta te recuerda a atarte los zapatos, o a hacer la compra, o a plantar tus bulbos de otoño. Ni siquiera importa si no es siempre la misma carta. Existen sinónimos (diferentes formas de decir lo mismo) en toda la baraja, igual que en el propio lenguaje. Lo que importa es que, si lo intentas, puedes encontrar una carta que describa cada una de esas cosas de una forma personalmente significativa.

Con cada ejercicio de tarot futuro, estarás animando a tu mente a estirar los tentáculos en todas direcciones, extendiendo y haciendo más complejo el magnífico neuroma que, al final, es lo que te hace *ser tú*.

En algún momento descubrirás que tienes un «cerebro de tarot» viviendo dentro de tu cerebro normal.

Pasarás por delante de un cenador decorado con flores cortadas y una vocecita en tu interior gritará: «4 de bastos». Y si tienes suerte, alguien te besará allí, de una forma muy 4 de bastos, y, amigo mío, estarás *viviendo el poema*.

Capítulo 3: tareas: visión general

En las tareas del tarot pasado del capítulo anterior, te di listas de ideas y las relacionaste con los arcanos mayores, los arcanos menores y las cartas de la corte. En las tareas de este capítulo, tú mismo encontrarás las ideas y los conceptos.

La primera vez que recibiste tu baraja, posiblemente la primera noche que pasaste con ellas, fue más o menos así: te quedaste sentado mirando el carro y pensando: «¿Impulso? ¿Batalla? ¿Determinación?». Pero las ruedas del carro no parecen girar, y el tipo parece estar metido hasta la cintura en un bloque de hormigón, y su expresión parece extrañamente pasiva. «¿Estoicismo? ¿Éxtasis?». ¡Y esas esfinges! ¡Qué demonios! «¿Misterios? ¡¿Criptozoología?!». Sólo has dicho siete palabras y ya estás confuso.

¿Sabes a qué *no se parecen* estas tareas del capítulo 3? A eso.

Piensa en estas tareas como en un juego, como Pictionary o Apples to Apples o Cards Against Humanity o Ransom Notes. Hay una consigna, pero luego tienes un conjunto específico de herramientas y un marco en el que puedes dar rienda suelta a tu imaginación creativa. En sentido figurado, tienes piezas, dinero del Monopoly, fichas de póquer o fichas de Scrabble.

Para algunos de nosotros, lo que convierte un juego como tal es el público. Así que hazlo con un amigo, si lo deseas. Si necesitas un premio, es decir, sentir que has ganado o perdido, hazlo con un grupo y turnaros para ser el juez. ¿A quién se le ocurrió el título descabellado del ermitaño? ¿Y la reina de bastos? ¿A quién se le ocurrió *el metemierda* para el 8 de *bastos*? ¿El *machoexplicador* para el 9 de copas? Podéis apostar o incluso jugar un poco ebrios, si queréis. No estoy aquí para juzgaros.

Y si lo que quieres es refugiarte en tu habitación repleta de libros para hacer esto con el gato, una tetera y quizás tus agujas de hacer punto para cuando necesites un descanso, también está bien.

Tarea 3.1
Arcanos mayores del futuro: inventa tus propios títulos

Nuestra primera tarea de tarot futuro es entretenimiento puro. Espero convencerte de que hacer crecer la estructura esquelética que constituye el tarot futuro no es tanto una tarea, sino un acto de juego voluble, un juego que puedes llegar a sentir tan ridículo como desees.

Posiblemente ya sepas que la Aurora Dorada ideó una serie de títulos elevados, bastante pretenciosos y sonoros para describir cada carta de la baraja. Por ejemplo, los amantes se llaman «los hijos de la voz divina» y «los oráculos de los dioses poderosos». La carta de la muerte se denomina «el hijo de los grandes transformadores, el señor de las puertas de la muerte». La torre es «el señor de los ejércitos de los poderosos». Hay muchos «poderosos» aquí, y muchos «señores». Pero no tenemos por qué usar esos títulos. Podemos inventar los nuestros. He creado una lista de títulos «honoríficos» con los que puedes empezar: señor, señora, padre, madre, guardián, ángel, custodio, etc. Elige uno de ellos (o inventa uno propio) y luego observa los arcanos mayores y busca un símbolo que te resulte atractivo.

Tomemos el ermitaño. Para ser una carta bastante minimalista, es bastante rica en símbolos concretos: linterna, bastón, montaña, túnica, nieve. Podrías llamarle «el portador de la linterna». Usted podría llamarlo «el poseedor del bastón». O la carta del sol: tiene girasoles. Podrías llamarlo «el espíritu de los girasoles» o «el jinete del caballo blanco» (aunque supongo que la muerte también podría ser «el jinete del caballo blanco»). Uno de mis alumnos llamó a la muerte «el vestido de estríper» y a la rueda de la fortuna «la escalera santa». Otro llamó al loco «el capitán de caer con estilo». Me hicieron escupir el té de la risa. Tú también puedes hacer que alguien escupa el suyo.

Diviértete. Creo que descubrirás que el proceso te ayuda a asimilar algunas de estas imágenes arquetípicas en tu mente.

Instrucciones

1 | Coloca los veintidós arcanos mayores. Elige uno para empezar.
2 | Elige un «honorífico» de la lista proporcionada, o inventa uno propio.
3 | Selecciona cualquier símbolo que veas en la carta y combínalo con el honorífico para que salga con su propio título hermético para la carta.

hija | hijo | niño | tutor | padre | madre | príncipe
caballero | reina | rey | princesa | señor | señora | gobernante
guardián | poseedor | explorador | ángel | demonio | siervo
maestro | criatura | portador | perdición | dios/diosa | divinidad
amante | maestro | espíritu | grande | líder | guerrero
guía | guardián | arquitecto | fuente | soberano

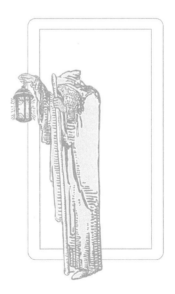

EL LOCO   EL MAGO   LA SACERDOTISA   LA EMPERATRIZ   EL EMPERADOR   EL HIEROFANTE

LOS ENAMORADOS   EL CARRO   FUERZA   EL ERMITAÑO   RUEDA de LA FORTUNA   JUSTICIA

EL AHORCADO   MUERTE   TEMPLANZA   EL DIABLO   LA TORRE   LA ESTRELLA

LA LUNA   EL SOL   JUICIO   EL MUNDO

Tarea 3.2

Arcanos menores del futuro: inventa tus propias correspondencias numéricas

Para este ejercicio, vas a sacar sólo los arcanos menores numerados de tu baraja: del as al 10 en cada uno de los cuatro palos. Vas a organizarlos por número, mirando sólo cuatro cartas a la vez: los cuatro Ases, los cuatro 2, etc.

Cuando veas cada grupo de cuatro cartas, intenta averiguar qué tienen en común, porque realmente tienen algo en común, aunque no sea obvio a primera vista. A ver si se te ocurren algunas palabras clave diferentes que puedan servir para cada grupo de cuatro. Después, consúltalo con la almohada durante uno o dos días. (Esto es importante. Esas palabras clave tienen que colarse en tu subconsciente. Y el cerebro de mañana siempre es mejor que el de hoy cuando se trata de refinar ideas).

Por último, intenta reducirlo a una palabra clave que realmente te guste. No estás casado con esa palabra clave: puede que la modifiques dentro de un año, de dos o de diez. Pero es bueno tener algo con lo que empezar.

Esto te será muy útil cuando estés en medio de una lectura y te encuentres con el 7 de pentáculos y de repente no tengas ni idea de lo que significa. Haz una pausa y pregúntate: «¿Cuál era mi palabra clave para los sietes? ¿En qué se parece esta carta a un siete?», y eso te ayudará a volver a poner el tren en marcha.

Instrucciones

1 | Ordena todos tus arcanos menores numerados, del as al 10 en cada palo.

2 | Agrúpalos por número: todos los ases, todos los 2, etc.

3 | Piensa en palabras clave, unas cuantas para cada grupo de menores numerados. Tómate un tiempo para pensarlo y luego redúcelo a una palabra clave por grupo de números (ejemplo: para los 8, *organización* o *producción*).

AS de BASTOS   AS de COPAS   AS de ESPADAS   AS de PENTÁCULOS

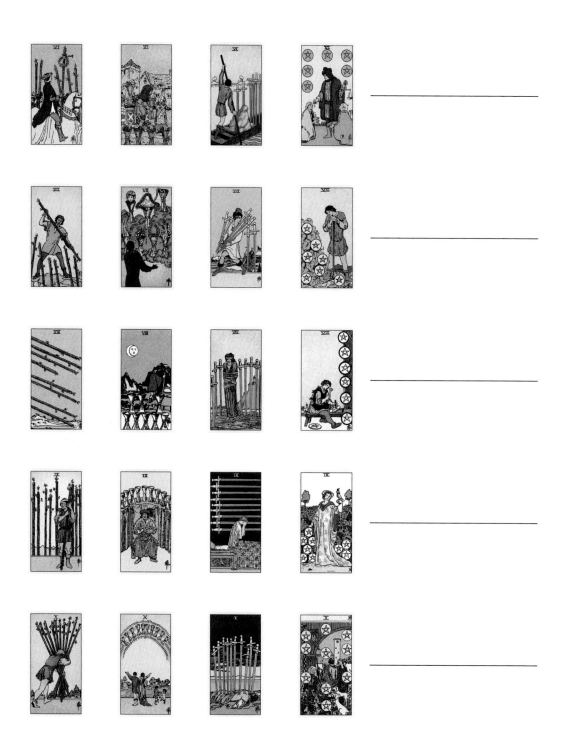

Tarea 3.3
Arcanos menores del futuro: inventa tus propias palabras clave

Quizá sepas que la Aurora Dorada dio a cada una de las cartas de los arcanos menores un «título hermético»: por ejemplo, el 3 de bastos es el «señor de la virtud». El 8 de copas es el «señor de la indolencia».

Algunos han sobrevivido al siglo pasado mejor que otros. Esos títulos y palabras clave fueron sólo una idea brillante de alguien, y tú también puedes tener otra. Hay algo a favor de inventar tus propias palabras clave, y de eso se trata este ejercicio.

Así es como funciona. Vas a observar la carta en cuestión. Supongamos que es nuestro viejo amigo, el 4 de pentáculos. *¿Qué número es?* El 4, obviamente. Vuelve a tu hoja de palabras clave numéricas (tarea 3.2) y busca la palabra clave perfecta para el 4. *¿Qué palo es?* Pentáculos, obviamente. Vuelve al ejercicio de los cuatro elementos / cuatro palos (ejercicio 2.3) del capítulo 2 y elige una palabra clave que represente el palo en cuestión. Prueba con varias hasta que encuentres la que mejor funcione.

Así, por ejemplo, como he mencionado antes, la palabra clave que uso para los 4 es «recolección». Y, por lo general, cuando pienso en una palabra clave para pentáculos, empiezo con «recursos materiales». Cuando veo el 4 de pentáculos, pienso: «Es *una* reunión *de recursos materiales*». Si empiezo con esa frase, «reunión de recursos materiales», ¿cómo puedo reducirla a una sola palabra? Podría hacerlo de varias maneras. Podría ser «acaparamiento». Podría ser «almacenamiento», «tesoro» o «acumulación». Para este ejercicio, vas a elegir la palabra que creas que mejor describe esa idea. Y luego harás lo mismo con las otras 39 cartas, porque somos tarotistas y así funcionamos.

Instrucciones

1 | Rellena la tabla siguiente con el número de palabras clave de la tarea 3.2.

2 | Rellena la tabla siguiente con las palabras clave del palo que se te ocurrieron en la tarea 2.3.

3 | Combínalas (por ejemplo, una *reunión* de *recursos materiales*) e intenta dar con una sola palabra que resuma esa idea.

Número	Palabra clave
1	
2	
3	
4	
5	
6	
7	
8	
9	
10	

Palo	Palabra clave
Bastos	
Copas	
Espadas	
Pentáculos	

_____   _____   _____   _____   _____

_____   _____   _____   _____   _____

_____   _____   _____   _____   _____

_____   _____   _____   _____   _____

_____ _____ _____ _____ _____

_____ _____ _____ _____ _____

_____ _____ _____ _____ _____

_____ _____ _____ _____ _____

Tarea 3.4
Cartas de la corte del futuro: combinaciones elementales

Posiblemente ya sepas que las dieciséis cartas de la corte suelen tener correspondencias elementales. Por ejemplo, crípticamente, la reina de espadas es conocida como la *parte acuosa del aire*. Como de costumbre, esto es obra de la Aurora Dorada. En este libro utilizamos las correspondencias de la Aurora Dorada con moderación, pero al igual que en la tarea 2.3, ésta es una de esas ocasiones. Los rangos tienen correspondencias elementales, así:

Rey = fuego
Reina = agua
Caballero = aire
Sota = tierra

Y, como sabemos, los palos tienen correspondencias elementales, a saber:

Bastos = fuego
Copas = agua
Espadas = aire
Pentáculos = tierra

Si los unes, puedes obtener una tabla como ésta:

	△ Fuego	▽ Agua	△ Aire	▽ Tierra
Fuego △	Rey de bastos	Rey de copas	Rey de espadas	Rey de pentáculos
Agua ▽	Reina de bastos	Reina de copas	Reina de espadas	Reina de pentáculos
Aire △	Caballo de bastos	Caballo de copas	Caballo de espadas	Caballo de pentáculos
Tierra ▽	Sota de bastos	Sota de copas	Sota de espadas	Sota de pentáculos

Cuando la Aurora Dorada se refiere a las «partes» de los elementos, por ejemplo, la «parte acuosa del aire», creo que está hablando sobre todo de cualidades no físicas. Decir que el «aire» tiene una «parte acuosa» es afirmar que el aire puede tener una cualidad fluida, de conexión, dentro de su naturaleza ingrávida y móvil. Y eso es algo que también podemos decir de la reina de espadas. Para este ejercicio, vamos a imaginar, de forma literal, cómo se combinan los cuatro elementos en el mundo físico. Cuando ves mucha tierra, las cosas pueden ser muy estables y arraigadas, o pueden estar atascadas o estancadas. Cuando se combinan dos elementos, surgen fenómenos más complejos. ¿Qué ocurre cuando se añade aire al fuego? (Mucho aire, poco fuego: ¡el fuego se apaga! Un poco de aire, mucho fuego: ¡el fuego crece!) ¿De agua a tierra? (¡Fango! ¡Bueno para cultivar cosas!). Siempre merece la pena fijarse en el equilibrio de los elementos en tus lecturas. Así que, para considerar nuestro ejemplo de la reina de espadas, pensemos en cómo se combinan el aire y el agua. Podríamos tener burbujas. Puede haber bruma y niebla. Podría haber nubes. Al pensar en cómo se combinan los elementos, puedes hacerte una idea del carácter de las cortes. Recuerda que cuando combinas dos elementos en una carta de la corte, el *palo* es el elemento dominante. La reina de espadas (agua de *aire*) podría parecerse más a una nube; el caballero de copas (aire de *agua*) podría asemejarse más a una fuente.

Instrucciones

Teniendo esto en cuenta, he aquí una tabla para empezar a rellenar.

1 | Observa la combinación elemental correspondiente a cada una de estas casillas (por ejemplo, reina de bastos = agua y fuego). Inventa un fenómeno natural que combine esos dos elementos. Piensa en varios. Para las combinaciones «puras» («fuego de fuego», «agua de agua», «aire de aire» y «tierra de tierra», trata de pensar en fenómenos que realmente parezcan simbolizar la expresión más pura de ese elemento. Por ejemplo, para la «tierra de la tierra», puede haber algo que esté cristalizado dentro de la tierra: un cristal literal o un fósil, por ejemplo.

2 | Una vez hecho esto, inventa algunos apodos para tus cortes, cuanto más absurdos mejor. Por ejemplo, puedes llamar a la reina de bastos «la reina de las aguas termales», e imaginar al viejo fiel haciendo erupción detrás de su trono en la carta. ¡Porque, como cantaba la resistencia alemana en los malos tiempos de la Segunda Guerra Mundial, *Die Gedanken sind frei! En* otras palabras: *pensar es libre*, y nadie te lo va a impedir.

	Fuego / bastos	Agua / copas	Aire / espadas	Tierra / pentáculos
Fuego / rey				
Agua / reina				
Aire / caballero				
Tierra / página				

Algunas palabras clave para empezar:

niebla | lava | marismas | estrellas | secadores de pelo | fósiles
cuevas | tornados | aguas termales | suelos radiantes | corrientes
brisas | riberas | carbones | ventiscas | lagos
rayos | volcanes | burbujas | ciclones

Tarea 3.5
¿Cuál es tu problema? Crea tus propias correspondencias

¿De qué sabes más que nadie? ¿Con qué se deleita el empollón que llevas dentro? ¿Lucha libre profesional? ¿Las runas? ¿Dioses nórdicos? ¿Orishas? ¿Myers-Briggs? ¿Estrellas fijas? ¿I Ching? ¿Famosos de Hollywood? ¿Especias? ¿Hip-hop de los noventa? ¿Animales mitológicos? ¿Videojuegos antiguos? ¿Cervezas artesanales? ¿Verdades nobles del budismo? ¿Superhéroes de Marvel? ¿Vehículos importados? ¿Sabores de Doritos?

Cualquier cosa que te sepas de memoria puede ser la base de un conjunto de correspondencias. ¿Veintidós aminoácidos? Asígnalos a las especialidades. ¿Gryffindor, Slytherin, Ravenclaw, Hufflepuff? Asígnalos a los palos. (Puedes utilizar cosas reales, conceptos abstractos o mundos ficticios; no importa.

Sea lo que sea, eso es lo que vas a usar para componer tus propias correspondencias del tarot en este ejercicio. Tu tema sólo tiene que ser algo que se presente en diversas variedades diferentes y que conozcas a un nivel bastante granular.

Elige tu juego de:
- Cuatro (palos)
- Diez (as a 10)
- Dieciséis (cartas de la corte)
- Veintidós (mayores)
- Treinta y seis (2-10 menores)
- O incluso… las 78 cartas de la baraja

No tienes que tener exactamente cuatro, diez o veintidós de algo para empezar. Por ejemplo, se dice que hay 401 divinidades orishas, pero puedes elegir las cuatro, diez o dieciséis que sean más significativas para ti. El objetivo del ejercicio es establecer conexiones que completen el mapa de tu realidad personal.

Con los años, he llegado a esperar con impaciencia el momento en que mis alumnos llegan a esta tarea. Siempre es una ventana abierta a un mundo privado, loco y maravilloso. A veces es una pasión que se han sentido reacios a compartir con el mundo exterior. La mayoría parece elegir el conjunto de las veintidós (mayores). He visto canciones de Bob Dylan, posturas de yoga, hierbas y especias, elementos de la teoría de la conspiración de JFK, poemas favoritos y figuras de los mitos griegos. He visto las cartas de la corte correspondientes a dieciséis fonemas de la lengua inglesa. He visto una lista de 78 películas de terror que corresponden, una a una, a las cartas, ¡e incluso una lista de 78 tipos de letra!

Lo que quiero decir es lo siguiente, *¡diviértete con ello!* El tarot lo puede adaptar todo en la vida, y puede acomodar aquello que más te gusta de una manera total y positiva.

_____

_____

_____

_____

_____

_____

_____

_____

_____

_____

_____

_____

_____

_____

_____

_____

Tarea final
Tabla de correspondencia hazlo tú mismo

Crea una carta de correspondencias de los mayores o de los menores (o de ambos si eres ambicioso), utilizando tu sistema de correspondencias favorito. Has realizado todas las tareas de los capítulos 2 y 3, y has establecido todo tipo de conexiones entre el tarot y el mundo exterior, o el tarot y el no tarot.

- Has aprendido que el palo de copas es acuoso.
- Has puesto apodos a los mayores (¡la escalera santa! ¡El espíritu del comentario sin contar! El sirviente de la casa del árbol).[2]
- Has relacionado ese día en que tú y tus hijos plantasteis un jardín de flores con el 6 de copas.
- Has planteado la hipótesis de que el caballero de espadas podría ser un agente de policía, o tal vez un «cañón suelto», o incluso un ciclón.

En otras palabras, has desarrollado un lenguaje privado, una especie de infraestructura para tu visión del tarot a medida que se hace más profunda y aguda. Esta tarea final es una forma de profundizar esas asociaciones en tu memoria y ayudar a que se queden.

Lo harás creando algo hermoso. Y cuando digo eso, no quiero decir que tengas que ser un artista. El hecho es que la información organizada es inherentemente bella. Puedes hacer esta tarea con una regla o un compás o papel pautado, o bien a mano alzada. Puede ser en forma circular, de tabla o de diagrama. Una ingeniosa alumna mía, decidida a trabajar con un círculo perfecto, pintó el suyo en un disco de vinilo.

Lo único que te pido es que no te limites a descargar una tabla en una hoja de cálculo o algo así, porque eso no tiene sentido. Al hacer algo con las manos, te obligas a experimentar cada palabra que escribes, cada glifo, cada punto, cada línea de color, en tiempo real. Dedicarte a ese esfuerzo te lo graba en el cerebro, y no te beneficiarás de ello si te limitas a imprimir algo.

He descubierto que a mucha gente le gusta usar las correspondencias de la Aurora Dorada, especialmente las astrológicas, para hacer esta tarea, y si quieres hacerlo, probable-

---

2. Así son la rueda de la fortuna (de Alan Scalpone), el ermitaño (de Dana Welts) y el ahorcado (de Nya Thryce). Gracias, como siempre, a mis alumnos por sus ingeniosas aportaciones.

mente encontrarás que *Tarot Correspondences* es una guía útil. Pero no tienes que usar las correspondencias de la Aurora Dorada.

Podrías volver a trazar el árbol de la vida; podrías trabajar con runas o figuras geománticas; podrías utilizar cualquiera de los conceptos que has unido con las cartas hasta ahora. Cualquier sistema de correspondencias que tu cerebro desee dominar es válido.

Instrucciones

1 | Elige un juego de correspondencias: el tuyo propio o uno basado en un sistema esotérico. El conjunto debe incluir los 22 arcanos mayores, los 56 arcanos menores o las 78 cartas.

2 | Expresa visualmente las correspondencias en forma de gráfico o diagrama. Puede ser redondo, cuadrado o en forma de árbol de la vida, lo que le resulte más agradable a la vista. Dale color; incluye los símbolos, sigilos, ideogramas o imágenes significativas que desees. Quieres algo tan atractivo visualmente que te encantaría tenerlo colgado en la pared.

3 | Cuélgalo en la pared (*opcional*).

¡Enhorabuena! Has terminado los capítulos 2 y 3, que son la parte de investigación y estudio del cuaderno. En los siguientes capítulos, pasaremos a aplicar la red de ideas que has reunido aquí.

Pero espero que vuelvas a estos experimentos mentales de vez en cuando; yo lo hago. Nunca hay un momento en el que dejemos de aprender o en el que dejemos de hacer conexiones con nuestro cerebro tarotista. Todavía hago una pausa y me pregunto, cuando estoy limpiando el vehículo o en la sala de espera del dentista, o cuando acabo de comer más galletas de las que quería: ¿cómo se vería esto en el tarot?

Nunca termina. Y eso es una característica, no un error.

Interludio
BOCA ABAJO Y DEL REVÉS.
TODO SOBRE
LAS CARTAS INVERTIDAS

De acuerdo. Respira hondo. En los capítulos 2 y 3 le hemos dado un par de giros mentales a las cartas para llegar a interpretaciones que encajen y tengan sentido. Ahora, antes de pasar a aplicar esa infraestructura recién labrada a una lectura, me gustaría dedicar un instante a tratar un tema con el que todo lector tiene que contar en algún momento: las cartas invertidas.

Elige a diez tarotistas y obtendrás diez opiniones diferentes sobre las invertidas, esas cartas que salen de la baraja boca abajo. Lo que sigue es mi intento de resumir mi propio punto de vista sobre las invertidas. Espero que estas observaciones te ayuden a sacar tus propias conclusiones sobre si el uso de las cartas invertidas es adecuado para ti.

¿Usarlas o no usarlas? ¿Cómo hacerlo?

Existen tres escuelas de pensamiento sobre las cartas invertidas:

1 | **No utilizarlas.** Los tarotistas que no emplean las cartas invertidas simplemente dan la vuelta a la carta si sale al revés; hacen como si no hubiera sucedido. Esto es del todo legítimo.

2 | **Usarlas más o menos.** Algunos lectores tienen cuidado de barajar siempre de forma que las cartas salgan derechas, pero de vez en cuando hay alguna que sale invertida, o hay un «saltador», una carta que cae del mazo invertida o derecha. Algunos lectores creen que los «jumpers» y los reveses accidentales tienen un significado especial: es una carta a la que hay que prestarle atención, una carta que debería haber estado en la tirada o una con un mensaje especial para el consultante. Esto también es válido.

3 | **Sí, emplearlas.** Así pues, hay algunos lectores que utilizan las invertidas siempre. Yo soy uno de ellos. Como ya he dicho antes, incluso sólo una septuagésima octava parte de *todo lo que hay en el mundo* sigue siendo una parte enorme de la vida. Las invertidas me ayudan a orientarme hacia la sección correcta de la esfera interpretativa; aportan matices, dimensiones y zonas grises. Y me encantan las zonas grises.

Me encantan las invertidas, y las leo más o menos desde que empecé con el tarot, hace veinticinco años. Ahora bien, somos una minoría a los que nos gusta leer las cartas invertidas, pero voy a explicar por qué es posible que quieras usarlas y puedes decidir por ti mismo.

¿Cómo y por qué hacerlo?

Si quieres usar inversiones, empezar es fácil. Simplemente divide el mazo por la mitad y pon una mitad boca abajo antes de barajar. Baraja unas cuantas veces y *voilá!*: la mitad de tus cartas están boca abajo y distribuidas aleatoriamente por el mazo. Ahora que estás listo para leer cartas invertidas, te comento algunos de los aspectos a tener en cuenta.

Las invertidas no tienen por qué ser negativas. Muchas personas leen como si una carta del revés fuera simplemente una carta que ha salido mal, lo opuesto a su yo alegre y del derecho. No estoy de acuerdo. Creo que hay muchas maneras de decir algo negativo en el tarot sin necesidad de considerar negativas las cartas invertidas. También es un problema estadístico. Mucha gente lee la baraja hacia arriba como mayoritariamente positiva. Así que cuando introducen las invertidas, de repente ven un mundo en el que la mitad de las cosas que suceden son por completo negativas. La reina de espadas invertida es una reina zorra; el 10 de copas invertido es la pérdida de toda tu felicidad; el mago invertido es un charlatán. La mayoría de nosotros tenemos la suerte de no ver nuestras vidas como un 50 por cien malvadas y oscuras, y trabajamos, consciente o inconscientemente para que siga siendo así. Pensar en blanco y negro no nos ayuda mucho como lectores. Prefiero pensar que cada carta es un espectro con extremos claros y oscuros, y que la carta en sí es neutra.

La práctica de leer las cartas invertidas como negativas está muy arraigada en la tradición. Por ejemplo, en la cartomancia del siglo XVIII, era habitual que las personas leyeran las cartas invertidas como si representaran en esencia lo contrario al significado del derecho de la carta. A veces, eso significaba que la carta invertida adquiría una connotación claramente negativa. Por ejemplo, en *Manière de tirer le grand Etteilla où tarots Egyptiens*, Etteilla caracteriza el 2 de copas como «amour heureux» («amor feliz»). Pero invertido, proclama, significa «désir d'amour qui ne sera pas satisfait» («deseo de amor que no será satisfecho»).[1] Esta tradición de «inversiones como opuestos» también influiría en el tarot Rider-Waite-Smith.

Si lees *The Pictorial Key to the Tarot*, el libro de Arthur Edward Waite sobre el tarot Rider-Waite Smith, verás que a menudo utilizaba significados invertidos para convertir el significado vertical de la carta en su opuesto. Por ejemplo, Waite asocia el 6 de copas con el pasado, tal como lo hacen muchos lectores modernos hoy en día, pero claro, dice, ¡el 6 de copas invertido debe tener que ver con el futuro! Del mismo modo, Waite ve el as de bastos vertical como «creación, invención»; el As invertido es «caída, decadencia».[2] Creo que esto es contraintuitivo y demasiado simplista. Si se considera que el 5 de copas indica dolor y pérdida, ¿significa ahora su inversión alegría y celebración?

Simplemente no lo veo. Puedo ver que el dolor y la pérdida tal vez disminuyen, pero eso no significa que sea una fiesta.

Creo que la energía de la carta es la energía de la carta. Puede haber cambiado de alguna manera; puede estar distorsionada de alguna forma; puede estar entrando o saliendo. Pero creo que éstas son cuestiones de perspectiva que vienen con el lector, no con la carta.

Considero que las inversiones crean movimiento en una estructura estable, como cuando se baraja o se lanza un puñado de granos al aire. Mi forma de entender la adivinación tiene que ver con percibir un patrón en movimiento, el giro de la rueda de la fortuna, en contraposición a una disposición establecida de causa y efecto que está grabada en piedra. En otras formas de adivinación, este movimiento se da por sentado. Por ejemplo, cuando se consulta el I Ching (o *El Libro de las mutaciones*), es posible que su hexagrama oracular incluya una

---

1. Etteilla, *Maniere de tirer le grand Etteilla ou tarots Égyptiens* (París. P. B. Grimaud, 1954.

2. Arthur Edward Waite, *The Pictorial Key to the Tarot*. Stamford, CT: US Games Systems, 1986, p. 196.

o más «líneas en movimiento», lo que indica que las cosas están cambiando. Creo que las inversiones cumplen una función similar en el tarot.

En otras palabras, las cartas del revés pueden representar una oportunidad para que las cosas salgan de forma diferente a como pensabas. Y puede que por eso me gusten tanto.

Las invertidas pueden aportar dinamismo a una lectura visual

Antes de entrar en las principales formas interpretativas de utilizar las cartas invertidas, mencionaré un par de consideraciones desde una perspectiva visual. Por ejemplo, las inversiones pueden dinamizar visualmente una lectura alterando la línea de la mirada. Consideremos las cartas de la corte, que en una baraja Rider Waite Smith o derivada de RWS siempre muestran personas. La inversión permite que una carta de la corte que por lo general mira a la izquierda mire a la derecha, y viceversa, de modo que mira a algo distinto de lo que normalmente miraría, o a *alguien* diferente de quien solía mirar. También puedes hacer esto con otras cartas que miran a los lados, como el ermitaño o el 2 de bastos.

Normalmente, la sota de bastos mira a la derecha. Invertida, mira a la izquierda. Así que puedes preguntarte: «¿Qué está mirando ahora la sota de bastos?» Tal vez esté mirando a otra persona o a otra cosa en la lectura. Merece la pena seguir esa mirada allá donde vaya. De hecho, si la carta de la corte está a un lado de la lectura y mirando lejos de las otras cartas, podrías incluso sacar una carta para ver qué está mirando. Eso te dará una idea de lo que piensa el personaje de la carta.

Otro fenómeno visual que vale la pena considerar con las inversiones es que hacen que las líneas de las cartas coincidan de diferentes maneras. La topografía es importante en el tarot: una colina puede convertirse en un horizonte en la carta de al lado; una cascada puede unirse a un estanque (coloca la emperatriz junto a la estrella y comprueba si puedes ver el agua que fluye entre ellas). Cuando se lee con inversiones, la iconografía del borde de una carta puede alinearse, o no, con la carta que está junto a ella. Aquellos de vosotros que leáis con barajas de tarot de Marsella estaréis muy familiarizados con esta técnica de seguir el paisaje a través de las cartas, como si fueran una secuencia en una novela gráfica.

Incluso merece la pena tener en cuenta la *gravedad visual* cuando se trata de inversiones. Por ejemplo, si se le da la vuelta al as de copas, de repente todo se cae. No se está reponiendo constantemente como una fuente, de la forma en que lo hace cuando está en posición vertical. Las espadas del 10 de espadas pueden estar cayendo de la espalda de la figura y sobre la cabeza de la figura de la carta de abajo. Eso podría ser significativo en el contexto de tu lectura.

Las inversiones también pueden dar un sentido temporal a las lecturas. Muy a menudo, una figura que miraba hacia la derecha, hacia el futuro, ahora lo hará hacia la izquierda, hacia el pasado, o viceversa.

Las inversiones pueden significar «depende de ti»

Una cosa que comparten todas las interpretaciones invertidas es la sensación de que la carta te preocupa de alguna manera; estás intentando trabajar con su energía. Cuando la carta sale invertida, se podría decir que te viene dada: simplemente aparece en tu vida, ya sea por circunstancias externas o por acciones que no has podido evitar. Cuando la carta sale invertida, puedes pensar en ella como un potencial: seguro que podría ser un día con el 3 de copas, pero necesitarás un poco de ayuda consciente para conseguirlo.

Si esta forma de leer se convierte en parte de tu práctica, puede ser bastante poderosa cuando estás usando una tirada más grande. Si estás mirando ocho o diez cartas y ves muchas invertidas, puedes interpretarlo como que lo que ocurra a continuación depende de tu cliente. Supongamos que siete de las diez cartas salen invertidas: eso puede indicar que hay muchas cosas en movimiento, que nada está decidido, que mucho depende de las propias acciones y elecciones del consultante. La posibilidad de esas cartas está ahí, pero no ocurre sin ayuda. Creo que muchos arcanos mayores no invertidos indican que las circunstancias están, hasta cierto punto, fuera de tu alcance: te enfrentas a grandes patrones en la red del destino. Siguiendo esta línea de razonamiento, las cartas invertidas, en especial las menores, podrían significar que tu destino está en tus manos. Las invertidas podrían reflejar cierto nivel de incertidumbre por tu parte, o un momento en el que la narrativa lineal del libro del destino se bifurca de repente y te pide que elijas tu propia aventura. Puede que el libre albedrío desempeñe un papel más importante cuando las cartas están boca abajo.

Las invertidas pueden significar que «no es sencillo»

La mayoría de las veces leo las invertidas de esta manera: la energía de la carta está presente, pero no con toda su fuerza por la razón que sea.

Me gusta pensar que una carta invertida es como una carta en vertical pero matizada: como si tuviera un asterisco o una nota a pie de página. Hay algo que no está del todo claro, y depende de nosotros averiguar, en el contexto de la lectura, de qué podría tratarse. Supongamos que nos sale el 3 de copas, una carta de celebración y el compañerismo. Pero invertida.

¿Qué puede significar eso?

LA ENERGÍA DE LA CARTA ESTÁ EMERGIENDO

Estás anticipando o planeando una reunión. Casi puedes saborearlo.

LA ENERGÍA DE LA CARTA ESTÁ RETROCEDIENDO

El resplandor de una reunión reciente sigue contigo mientras la recuerdas.

LA ENERGÍA DE LA CARTA ESTÁ BLOQUEADA

Sientes la necesidad de más energía 3 de copas en tu vida, y sientes su ausencia.

LA ENERGÍA DE LA CARTA PARECE ESTAR SUCEDIENDO PERO, EN REALIDAD, NO ES ASÍ

Es una fiesta pero nadie se divierte.

LA ENERGÍA DE LA CARTA REALMENTE ESTÁ SUCEDIENDO PERO PARECE QUE NO

Es un calvario, pero todo el mundo se divierte.

ESTÁS INTENTANDO ALCANZAR LA ENERGÍA DE LA CARTA

Echas de menos a tus amigos, así que las llamas para quedar para comer.

LA ENERGÍA DE LAS CARTAS ESTÁ LATENTE

Otro aspecto de que algo esté oculto, en contraposición a lo aparente, es que podría ser simplemente un potencial sobre el que tienes que actuar de alguna manera para sacarlo a la luz. Por ejemplo, ¿cuál es el potencial latente del 3 de copas? Piensa en esto: te gustaría ver a tus amigos, pero la oportunidad de verlos está latente y no explícita. Puede que tengas que hacer algo para reunirte con ellos; es posible que necesites programar algo o llamarlos o enviarles un mensaje de texto o lo que sea para que algo suceda; no va a ocurrir por sí solo.

LA ENERGÍA DE LA CARTA ES INTERNA, NO EXTERNA

Estás pasando el día solo, pero piensas en lo mucho que extrañas a tus amigos. Es decir, es algo que sientes más que algo que vives fuera.

O supongamos que en realidad no estás en una fiesta, pero piensas en el bienestar de estar con tus amigos.

LA ENERGÍA DE LA CARTA ES INCONSCIENTE, NO CONSCIENTE

Como hablamos del inconsciente, esto es difícil de explicar. Pero acuérdate de cuando hablamos de «menores como estados de ánimo» en el capítulo 2. Aunque estés haciendo la declaración de la renta, te estás divirtiendo al ritmo de una canción que no sabes que tienes. Más tarde, te preguntas por qué estabas disfrutando tanto. Estás de fiesta, pero no te das cuenta: estás bailando en tu asiento, aunque sólo estés en tu mesa, en la oficina de tu casa. Tal vez estés haciendo una tarea increíblemente aburrida, pero te sientas muy alegre sin ninguna razón aparente.

LA ENERGÍA DE LA CARTA ESTÁ AHÍ, PERO TIENES UN CONFLICTO AL RESPECTO

Sabes que deberías socializar más, pero no te apetece. Quizás sientas que deberías ver más a tus amigos, pero, por otro lado, prefieres quedarte en casa viendo Netflix.

Es un punto de vista perfectamente razonable. Ese tipo de tira y afloja ocurre dentro de todos nosotros todo el tiempo.

Y, por último, hay una posibilidad más…

EL LECTOR ESTÁ CANSADO

Todos los días saco dos cartas del día. Cuando ambas salen invertidas, a menudo resulta que estoy cansado. No he dormido lo suficiente, o tal vez me siento indispuesto; tengo poca energía. Es una señal de que quizá necesite echarme una siesta o hacer algo para elevar mi vitalidad lo suficiente como para sacar todo el provecho de las cartas. Puede que esto también te ocurra a ti. Las invertidas te permiten leer esas energías transitorias, conflictivas y ambiguas, y hacer algo constructivo con ellas cuando lees para ti o para otros. A menudo, quizás incluso la mayoría de las veces, la historia de una persona no es tan directa como sugeriría una lectura directa.

A medida que asimilas más contexto, las inversiones pueden ayudarte a comprender dónde están las zonas grises. Pueden mostrarte dónde están los potenciales para cambiar, alterar o manipular las circunstancias.

Si decides utilizar la inversión, prueba la siguiente hoja de ejercicios. He escogido tres cartas diferentes para que las leas al revés, pero si quieres, puedes escoger otras tres. No importa; es sólo una forma de desarrollar los músculos de la inversión.

No tengas miedo a las inversiones. Si te funcionan, úsalas. Si no, no te preocupes. Si sacas una carta invertida, siempre puedes darle la vuelta. Ésa es la belleza de leer una inversión como un matiz y no como su opuesto. Siempre existe la posibilidad de sacar lo mejor de cualquier carta que te toque. Eso es una elección, y cuando lleguemos al capítulo 8, hablaremos mucho más sobre esa elección.

Emergente	Estás anticipando o planeando una reunión. Casi se puede saborear.
Retirado	El resplandor de una reunión reciente sigue contigo mientras la recuerdas.
Bloqueado	Sientes la necesidad de más tiempo social en tu vida, y también su ausencia.
Aparente	Es una fiesta, pero nadie se divierte.
Oculto	Es un calvario, pero todo el mundo se divierte en secreto.
Latente	Echas de menos a tus amigos, así que los llamas para quedar para comer.
Interno	Estás pasando el día solo, pero piensas en cuánto extrañas a tus amigos.
Inconsciente	Aunque sólo estés haciendo tu declaración de impuestos, te mueves en tu asiento al ritmo de una melodía que está totalmente en tu mente. Más tarde, te preguntas por qué estabas disfrutando tanto.
Conflicto	Sabes que deberías socializar más, pero simplemente no te apetece.

Emergente	
Retirado	
Bloqueado	
Aparente	
Oculto	
Latente	
Interno	
Inconsciente	
Conflicto	

Emergente	
Retirado	
Bloqueado	
Aparente	
Oculto	
Latente	
Interno	
Inconsciente	
Conflicto	

Emergente	
Retirado	
Bloqueado	
Aparente	
Oculto	
Latente	
Interno	
Inconsciente	
Conflicto	

Capítulo 4
CREO EN ESTO

«Creo en esto». ¿Por qué tener un capítulo sobre la filosofía del tarot? ¿Por qué no podemos limitarnos a leer las cartas y despreocuparnos de la estructura de las creencias que subyacen? Bueno, la razón es que el tarot es una herramienta realmente poderosa. Es una herramienta que puede cambiar tu vida de maneras que no puedes ni empezar a comprender. Puede reorganizar la subestructura de tu visión del mundo, enfocándola de la misma manera que lo hacen unas gafas nuevas. Así que deberíamos tener una idea de lo que ocurre en esa subestructura, ese armazón de creencias que todos llevamos sin siquiera ser conscientes de ello. Como dijo Carl Jung: «Hasta que no hagas consciente lo inconsciente, dirigirá tu vida y lo llamarás destino».

Tu visión del tarot

¿Cuáles son tus creencias sobre el funcionamiento del mundo y cómo se ven en el tarot? Cuando generalizamos sobre nuestro mundo, contamos una historia con la que queremos vivir. Y si podemos reconocer estas suposiciones, podemos cambiarlas. Al hacerlo, cambiamos la historia en la que vivimos.

Desde el principio de este libro, hemos hablado del tarot como una especie de lenguaje.

Lo primero que asimilamos cuando aprendemos un idioma son las cosas básicas de la vida: cómo desplazarnos, dónde estamos, quiénes son las personas que nos rodean. Quién, qué, dónde, cuándo, cómo… es decir, lo fácil.

Pero cuando se domina un idioma, es cuando se pueden empezar a hacer preguntas difíciles, sobre todo la más difícil de todas: *¿Por qué?* Ahora que hablas el tarot con más fluidez, podemos examinar algunas de las estructuras conceptuales que yacen bajo tu forma de ver el mundo: tus actitudes, tus creencias, tus complejos, tus demonios y también los mejores ángeles de tu naturaleza; en otras palabras, *por qué eres* quien eres y *por qué* haces las cosas que haces. Si puedes familiarizarte con estas estructuras ocultas que rigen tu vida, también podrás cambiarlas.

Todo lo que crees se corresponde de una forma u otra con una carta del tarot. Incluso tus dudas tienen una carta del tarot. Incluso (y esto es muy meta) ¡tus dudas *sobre el tarot tienen una carta del tarot*!

El tarot funciona como una herramienta para exteriorizar y trabajar con partes de uno mismo.

Es un poco como la evocación si eres mago ceremonial. La evocación es un ritual en el que externalizas una parte de ti mismo y le pides que se comporte de una manera determinada. Podemos discutir si ese espíritu que evocas es realmente externo o no, pero en realidad no importa. De cualquier forma, los resultados serán los mismos.

¿Cómo llegamos a nuestras suposiciones sobre el mundo? ¿Cómo empezamos siquiera a reconocerlas para poder cambiarlas? ¿No parece que la mayor parte del tiempo vamos por la vida con el piloto automático? Actuamos de acuerdo con lo que creemos sobre el mundo, pero a menudo no examinamos nuestras creencias. Tan sólo están ahí y las damos por sentadas.

¿De dónde vienen? Es una buena pregunta. Vienen de otras personas: nuestros padres, nuestra familia, los valores que hemos interiorizado. Proceden de nuestra experiencia: lo que hemos aprendido en la escuela, las lecciones que nos ha enseñado la vida. Y de nuestro mundo interior: lo que hemos leído o imaginado.

A veces notarás que tus creencias sobre el mundo afloran cuando hablas con tus amigos o seres queridos. Por ejemplo, supongamos que lees un artículo en el periódico sobre un político que malversa fondos de campaña para comprarse un yate personal. Sacudes la cabeza y dices: «¡Eso no está bien!». Acabas de expresar una opinión sobre un valor. Cuando ocurra algo así, toma nota de ello e intenta averiguar qué es lo que lo impulsa. ¿Es porque crees que la gente debe ser justa con los demás? ¿Es porque crees que todo el mundo tiene las mismas oportunidades?

¿Es porque crees que el trabajo duro merece reconocimiento?

A veces te sorprenderás a ti mismo expresando creencias que probablemente ni tan siquiera sean útiles; por ejemplo, supongamos que una mañana dejas que alguien se cruce delante de ti cuando vas a por tu café, y eso hace que llegues tarde al trabajo. Suspiras y piensas: «¡Los buenos chicos siempre acaban los últimos!»

Es algo que puede que no creas en realidad, pero que sigue dando vueltas en tu cabeza, llegando a dominar tu perspectiva del día.

Así que cuando hagas una generalización (y no tienes por qué sentirte mal por ello, ya que todos lo hacemos), presta atención a lo que estás diciendo. Pregúntate si realmente tiene que ser cierto, porque nuestras creencias sobre el mundo son en realidad bastante negociables, sólo que no siempre las vemos con la suficiente claridad como para enfrentarnos a ellas.

Una propuesta de modelo de la realidad

En este capítulo hablamos de cómo los símbolos se convierten en realidad. Esta transformación de lo simbólico en real se produce de muchas maneras distintas. Puede tratarse de las imágenes de un proverbio («A quien madruga Dios le ayuda»), que nos incitan a poner el despertador para que nos despierte por la mañana temprano. Puede ser el sueño de la pérdida de las llaves del automóvil, que nos hace pensar en la seguridad y actualizar el antivirus al día siguiente. Pueden ser las figuras arquetípicas que nos inspiran y habitan en nuestra imaginación, haciendo que proyectemos sus imágenes en el mundo exterior («¡Gandalf presidente!», rezaba la famosa pegatina para el parachoques en la década de 1970). Con el tarot ocurre algo parecido: cuando leemos el lenguaje de imágenes de las cartas, algo cambia con sutileza en la forma en que percibimos nuestro mundo de vigilia.

Creo que trabajar con símbolos es, en última instancia, trabajar con la realidad. Eso es lo que hace del tarot una práctica tan poderosa. Como es arriba, es abajo; como es dentro, es fuera. Reflejamos los patrones más amplios del universo, y el universo refleja los patrones dentro de nosotros. Uno no precede ni causa el otro, sino que surgen conjuntamente. Cuando hacemos adivinación, creamos de manera deliberada el caos a través del azar, la mezcla o la dispersión. Utilizamos ese campo caótico para reflejar o proyectar los patrones que no podemos percibir de otro modo. Y cuando eso ocurre, surgen coincidencias significativas entre la realidad interna y externa, y no a veces, sino *siempre*. Es lo que Jung llamó «sincronicidad».

Creo que las imágenes del tarot nos muestran algo verdadero sobre nuestra experiencia, tanto si preguntamos por nuestro pasado, nuestro presente o nuestro futuro; cuando se trata de nuestro futuro, lo llamamos adivinación.

Nos muestran la «cualidad del momento», la forma sutil o el patrón de lo que está por venir, no necesariamente la cosa exacta en sí. (Excepto, por supuesto, cuando en realidad muestran la cosa exacta en sí, como cuando sacas el 5 de pentáculos y nieva). Trabajar con el tarot es invocar la coincidencia, habitar la pauta.

Si las coincidencias que invocamos no nos parecen significativas, no es porque no lo sean. Es porque somos nosotros los que tenemos que descubrir el significado, igual que cuando leemos un poema somos nosotros quienes tenemos que descubrir lo que nos ofrece; el poeta nunca nos lo impone. La palabra «metáfora» procede del griego *metaphorá*, «aplicar» o «transferir».[1] Siempre somos responsables «del último tramo» (por tomar prestada una frase de la industria de las telecomunicaciones); siempre depende de nosotros llevar el significado más allá de la línea de meta.

Cuando trabajamos con el tarot, ya sea como adivinos o magos, vivimos el poema. Hacemos realidad nuestros sueños.

Capítulo 4: tareas: visión general

Entre las tareas de este capítulo, vamos a intentar encontrar formas de poner palabras a tu estructura de creencias.

Para los arcanos mayores, tomaremos un puñado de proverbios conocidos y veremos si podemos relacionarlos con esas veintidós cartas. Para los arcanos menores, usaremos citas de personas reales. Y luego nos inventaremos nuestros propios proverbios. ¿Por qué no?

---

1. Ver «metaphor, metáfora», Wiktionary, actualizado el 4 de septiembre de 2022, https://en.wiktionary.org/wiki/metaphor

A continuación, en el único ejercicio de este capítulo en el que no se utiliza ninguna carta del tarot, vamos a dedicar un momento a averiguar quién está al final de la línea cuando hacemos una lectura.

Vamos a echar un vistazo de cerca a la estructura compuesta de nuestro mejor yo, donde residen los ángeles de nuestra naturaleza y pueden ofrecernos su fuerza y apoyo en una lectura. Y luego, tras conocer y abrazar a los ángeles de nuestra naturaleza, vamos a enfrentarnos a nuestros demonios.

Los cinco primeros ejercicios de este capítulo consisten en hablar por hablar. Pero en el último, haremos lo que hemos dicho y representaremos de manera deliberada lo que vemos en la carta. Como acabo de decir, *viviremos el poema*. Y eso, amigo mío, es lo que entiendo por magia.

Tarea 4.1
Arcanos mayores: proverbios

No es fácil saber cuáles son tus propias creencias (y mucho menos articularlas). Así que vamos a empezar trabajando con las creencias de otras personas, y un buen lugar para encontrar las creencias de otras personas son los proverbios. Los proverbios eficaces son opiniones que existen desde hace tanto tiempo que nadie sabe quién las dijo. Suenan tan persuasivos que a nadie se le ocurre cuestionarlos. De hecho, muchos de ellos son afirmaciones que interiorizamos a una edad muy temprana.

En este ejercicio vamos a convertir proverbios en lenguaje de tarot. He elegido una amplia variedad de proverbios que puedes asignar a los arcanos mayores. No hay respuestas «correctas», cada uno de nosotros ve el mundo de una manera diferente. Por favor, siéntete libre de sustituir los proverbios que proporciona y buscar otros nuevos hasta que encuentres algo que funcione para cada una de estas cartas. Acabarás teniendo más de uno para algunas cartas, y para otras puede que te cueste encontrar incluso uno que encaje. Todo esto es bueno: estamos aprendiendo a plasmar grandes ideas en lenguaje figurado. Lo importante es el proceso en sí mismo. Una vez que hayas terminado, comprenderás mejor la naturaleza de la carta y cómo se relaciona con tu propio sistema de creencias.

Instrucciones

1 | Extiende las veintidós cartas de los arcanos mayores en algún lugar donde puedas verlas todas a la vez.

2 | Relaciona cada proverbio con la carta de los arcanos mayores que creas que mejor lo expresa. No te preocupes si al final tienes más de un proverbio para cada carta: es interesante y te dice algo sobre la compleja naturaleza de estas imágenes.

Recuerda que no hay respuestas correctas. Y no dudes en añadir cualquier otro proverbio que se te ocurra y que encaje, o no, con tu visión del mundo.

«Una cadena es tan fuerte como su eslabón más débil».

«Lo mejor es ir con la sinceridad por delante».

«La ausencia es al amor lo que al fuego el aire: que apaga el pequeño y aviva el grande».

«Se puede llevar el caballo al abrevadero pero no obligarle a beber en él».

«No se puede vender la piel del oso antes de haberlo matado».

«Si quieres un trabajo bien hecho, debes hacerlo tú mismo».

«Para gustos los colores».

«Ríe y el mundo reirá contigo».

«Más vale pájaro en mano que ciento volando».

«Por sus actos lo conocerás».

«Despacito y con buena letra».

«Cuanto más alto, más dura será la caída».

«En la unión está la fuerza».

«Médico, primero cúrate a ti mismo».

«Una golondrina no hace verano».

«Mira bien lo que haces».

«Un grupo enfrentado no se puede sostener».

«Ojo por ojo, diente por diente».

«Uno recoge lo que siembra».

«Las cenizas a las cenizas, el polvo al polvo».

«Bienaventurados los padres que siembran armonía porque cosecharán felicidad».

«Haz lo que digo, no lo que hago».

«Comed, bebed y divertíos porque mañana moriremos».

«Todo tiene su momento».

«Quien a hierro mata, a hierro muere».

«Cómo han caído los valientes».

«Es más fácil para un camello atravesar el ojo de una aguja que para un hombre rico entrar al reino de los cielos».

«Es mejor dar que recibir».

«El amor al dinero es una de las grandes maldiciones de la humanidad».

«No sólo de pan vive el hombre».

«Muchos son los llamados pero pocos son los elegidos».

«Mi copa está rebosando».

«No hay descanso para los malvados».

«Las bocas de los niños dicen las verdades».

«Esto pasará».

«Al César lo que es del César».

«El ciego guiando al ciego».

«El espíritu a la verdad está dispuesto pero no la carne, que es débil».

«Todo tiene su momento y su lugar».

«El que esté libre de pecado que tire la primera piedra».

«¡Te he puesto a prueba y fallaste!».

EL LOCO — EL MAGO — LA SACERDOTISA — LA EMPERATRIZ — EL EMPERADOR — EL HIEROFANTE

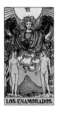     

LOS ENAMORADOS — EL CARRO — FUERZA — EL ERMITAÑO — RUEDA de la FORTUNA — JUSTICIA

EL AHORCADO — MUERTE — TEMPLANZA — EL DIABLO — LA TORRE — LA ESTRELLA

LA LUNA — EL SOL — JUICIO — EL MUNDO

Tarea 4.2
Arcanos menores: citas

Para los arcanos menores, trabajaremos con citas de personas reales. Te estarás preguntando: *¿cuál es la diferencia entre una cita y un proverbio?* Es una buena pregunta. Creo que es posible que las citas sean en realidad proverbios en ciernes: opiniones lo bastante recientes como para que sepamos quién las dijo. También me parece que son un poco más específicas y contextualizadas que los proverbios que hemos explorado en el ejercicio anterior. Como las citas son tan fáciles de relacionar y las personas que las dijeron son conocidas, parecen encajar bien con los arcanos menores, que expresan nuestras experiencias cotidianas.

Instrucciones

1 | Extiende tu as por los 10 arcanos menores (cuarenta cartas en total) para poder verlos todos.
2 | Relaciona las siguientes citas con la carta menor que creas que mejor le corresponde.
3 | Habrá al menos dieciocho cartas que no tengan citas cuando hayas terminado. Busca citas para cada una de las cartas restantes. Pueden ser de cualquier fuente: prensa, televisión, radio, YouTube, TikTok. También puedes utilizar citas de personas no famosas, como tu abuela, tu profesor de biología del instituto o el malhablado camarero del Starbucks de tu barrio. Incluso puedes citarte a ti mismo si tienes una buena frase que se te conozca.

117

«Me he parado sobre una montaña de noes por un sí».
—B. Smith

«Creo que si no has conocido la tristeza, no puedes apreciar la felicidad».
—Nana Mouskouri

«El valor es resistencia al miedo, dominio del miedo, no ausencia de miedo».
—Mark Twain

«Unos acuden a los curas; otros, a la poesía; yo, a mis amigos».
—Virginia Woolf

«El dolor tiene dos partes. La primera es la pérdida. La segunda es rehacer la vida».
—Anne Roiphe

«Ganar no lo es todo, pero es mejor que quedar en segundo lugar».
—William C. Bryant

«Media hora de meditación al día es esencial, excepto cuando estás ocupado.
Entonces se necesita una hora completa».
—San Francisco de Sales

«Un exceso de esfuerzo podría superar un déficit de confianza».
—Sonia Sotomayor

«Encontrémonos siempre con una sonrisa, porque la sonrisa es el principio del amor».
—Madre Teresa

«Elige un trabajo que te guste y no tendrás que trabajar ni un solo día de tu vida».
—Anónimo

«Aprende de los errores de los demás.
No puedes vivir lo suficiente para cometerlos todos tú mismo».
—Eleanor Roosevelt

«La familia no es algo importante. Lo es todo».
—Michael J. Fox

«Todo cambia y nada permanece inmóvil».
—Heráclito

«Si no te gusta el camino que recorres, empieza a pavimentar otro».
—Dolly Parton

«Sal de la historia que te retiene. Entra en la nueva historia que estás dispuesto a crear».
—Oprah

«Lo suficiente es tan bueno como un festín».
—Anónimo

«El optimismo es la fe que conduce al logro».
—Helen Keller

«Cualquiera que haya luchado contra la pobreza
sabe lo extremadamente caro que es ser pobre».
—James Baldwin

«La paciencia no es simplemente la capacidad de esperar: es cómo nos comportamos
mientras esperamos».
—Joyce Meyer

«Tiendo a aburrirme rápidamente, lo que significa que debo ser aburrido».
—Anthony Hopkins

«No os afanéis por el mañana, porque el mañana se afanará por sí mismo».
—Jesucristo

«Primero te ignoran, luego se ríen de ti, luego luchan contra ti, luego ganas».
—Mahatma Gandhi

120

Tarea 4.3
Proverbios a tu manera

En este ejercicio, vas a sacar seis cartas al azar e inventar un proverbio para cada una de ellas. Es algo parecido a los ejercicios de tarot futuro que hicimos en el último capítulo y un ejercicio de escritura creativa.

Observa tus seis cartas, una cada vez, y realiza una afirmación generalizada de cada una de ellas. Intenta utilizar las imágenes de la carta como base para tu proverbio. Por ejemplo:

«¡Las manos que recogen rosas pueden domar leones!».

«Aquellos que se encadenan son sus peores demonios».

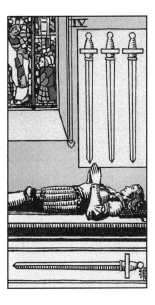

«La vida sigue igual mientras los héroes duermen».

No es necesario que tengan mucho sentido ni que sean literalmente ciertas. Tampoco es preciso que te las creas. En cualquier caso, lo que se te ocurra tal vez revele tu forma de ver el mundo, y quizá tengas una idea más clara de las fuerzas e influencias que pueden estar influyendo en tus lecturas. Si lo deseas, puedes probar tus proverbios con un amigo que domine el tarot para ver si puede identificar las cartas.

¡Juega con él! Y prepárate para sorprenderte con lo que veas en el espejo del tarot.

Instrucciones

1 | Roba seis cartas al azar.

2 | Inventa un proverbio para cada una de ellas basándote en los símbolos e imágenes que veas en cada carta. Intenta que parezca algo que la gente dice desde hace siglos.

1 | Carta que he sacado: _____

   Proverbio: _____

2 | Carta que he sacado: _____

   Proverbio: _____

3 | Carta que he sacado: _____

   Proverbio: _____

4 | Carta que he sacado: _____

   Proverbio: _____

5 | Carta que he sacado: _____

   Proverbio: _____

6 | Carta que he sacado: _____

   Proverbio: _____

Tarea 4.4
¿A quién vas a llamar?

En esta tarea, que es seria y divertida a la vez, vamos a pensar en quién está «al otro lado» cuando haces una lectura del tarot. Es una buena pregunta, ¿verdad?

Hay mucha gente en este mundo que evita conscientemente el tarot. En su mayoría se dividen en los que piensan que no se *puede* hacer (es decir, ¿cómo es posible que funcione en un mundo racional?) y los que piensan que no se *debe* hacer. Entre los que piensan que no hay que hacerlo, suele ser porque temen que estemos invocando a demonios o malos espíritus. Incluso me han preguntado: «¿Es satánico?».

Si estás leyendo este libro, supongo que, como yo, no crees que el tarot sea en absoluto satánico. Sin embargo, creo que es buena idea preguntar *quién está al otro lado* cuando le hablas al tarot. Dado que la mayoría de las veces acudimos al tarot en busca de consejo (o al menos una buena idea, o un cambio de perspectiva), podemos abordarlo del mismo modo que lo hacemos en la vida real. Si quisieras un consejo, buenas ideas o un cambio de perspectiva en la vida real, llamarías a tu madre, a tu mejor amigo o a un mentor. No se lo pedirías a un trol cualquiera de Internet, y desde luego no se lo pedirías al tío que te hace sentir fatal contigo mismo.

A mi modo de ver, una baraja de tarot es como un teléfono: es una herramienta, un dispositivo de comunicación. Tú decides a quién llamas. No se trata sólo de descolgar el teléfono y escuchar a quien haya al otro lado de la línea. Así sería si no decides a quién vas a llamar. Te puede hablar cualquiera, es decir, cualquier pensamiento que te ronde por la cabeza, incluidos los que no son especialmente útiles. Todos hemos tenido momentos en los que de la nada salen nuestros peores impulsos y nos han dicho cosas como «eres un perdedor», «no sabes hacer nada» o «siempre cometes errores». No hace falta decir que esto no ayuda.

Así que cuando preguntamos «¿Quién está al otro lado?» en una lectura de tarot, suelo decir a la gente que piense en la persona al otro lado como la mejor versión de sí misma: en otras palabras, tú como tu mejor amigo. En este ejercicio vamos a desglosarlo un poco más, porque creo que nuestro mejor yo no surge de un vacío. Creo que son una especie de amalgama de las mejores cualidades que la gente ha proyectado en nosotros, además de las cosas que nos inspiran: valores en los que creemos, las aspiraciones que podamos tener.

En este ejercicio, vamos a intentar identificar esas cualidades y creencias, esas fuerzas más poderosas para el bien en tu vida. Vamos a nombrarlas, vamos a hablar de ellas, y luego vamos a idear una manera de invocarlas cuando te sientes a hacer una lectura de tarot. Vas a pensar en los buenos sentimientos que tienes cuando piensas en estos personajes o versiones de ti mismo o cualidades que la gente opina que tienes. Cuando te sientes más fuerte, es cuando haces la lectura. Así es como fomentas estructuralmente los mensajes del tarot que te ayudan a impulsar un cambio positivo en tu vida, un cambio en el que puedes creer. Porque si en una lectura piensas: «Estos son sólo algunos pensamientos negativos en espiral en mi cabeza que el tarot está reflejando de nuevo hacia mí», esto realmente no te hace ningún bien, ¿verdad?

Al final de esta tarea tendrás algún tipo de declaración verbal de creencias o invocación (un credo, si quieres) que podrás utilizar como algo que decir cuando empieces a leer. Pero lo más importante es la *sensación que te produce*. ¿Recuerdas en *Harry Potter y el prisionero de Azkaban* cuando Harry aprende el encantamiento patronus? Se le pide que piense en el recuerdo más feliz que tenga, y ese recuerdo actúa como un escudo contra los poderes del mal, que en el Potterverso adoptan la forma de Dementores. Cuando lees el tarot, estás lanzando un encantamiento patronus. Quieres encontrar ese lugar dentro de ti donde eres fuerte, feliz, autosuficiente y capaz. Porque el tarot es especial, es mágico, y no quieres tirar por la borda este momento increíblemente poderoso que se produce cada vez que coges una baraja de tarot. Adopta el estado de ánimo adecuado para ti. Tómatelo en serio y conseguirás todo aquello que te propongas.

Instrucciones

A continuación encontrarás una lista de preguntas para ayudarte a localizar, identificar y reconocer a tu mejor yo cuando está hablando. Intenta centrarte en personajes que te importen y a los que conozcas bastante. Por ejemplo, yo admiro mucho a Papa Legba, pero como no conozco bien su tradición, no es un aspecto de mí misma al que pueda recurrir. ¿Tus mentores, guías y dioses son externos o internos a ti?

Algunos creen que esto es importante. Personalmente, no veo por qué debería serlo. ¿Acaso no pueden ser ambas cosas? Yo tiendo a pensar que estamos conectando con lo que Jung podría haber llamado el Yo arquetípico, esa constelación iluminada que abarca y une los reinos consciente, inconsciente y colectivo dentro de nosotros.

Anota tus respuestas en tu diario, en tu dispositivo o aquí mismo, en este cuaderno de ejercicios. Asegúrate de saber cómo encontrar esta lista en el futuro y actualízala cuando sea necesario.

1 | ¿Qué es lo que más les gusta de ti a tus padres, familiares y amigos íntimos?

_____

_____

_____

2 | ¿Quiénes son las personas de la vida real que conoces a las que realmente te gusta pedir consejo?

_____

_____

_____

3 | ¿Quiénes son las personas de la vida real que no conoces a las que te gustaría pedir consejo? (Puede incluir personajes destacados, por ejemplo, Barack Obama o el Dalai Lama, o incluso personas fallecidas).

_____

_____

_____

4 | ¿Quiénes son las personas imaginarias y los espíritus naturales a los que te gustaría preguntar para pedir consejo (el cachas del barrio, Dumbledore, Galadriel, el océano Pacífico, etc.)?

_____

_____

_____

5 | ¿A qué dioses te gustaría pedirles consejo?

_____

_____

_____

6 | Por último, haz una breve invocación o declaración de fe en la que invoques a los personajes o cualidades específicos que has mencionado antes. Basta con algunas frases cortas. Puede ser en segunda («¡Te invoco, Espíritu, sabio como Gandalf y paciente como Atlas!») o en primera persona («¡Soy infinitamente amable y estoy lleno de perspicacia! Soy ingenioso y estoy lleno de esperanza») _Nota: sólo tendrás que creer en esto durante breves períodos de tiempo._

_____

_____

_____

Tarea 4.5
Autoconversación

Amigo, esta tarea te va a transportar a otros lugares. Así que *asegúrate de haber* hecho el ejercicio anterior, «¿A quién vas a llamar?», antes de empezar con éste. Si eres como yo, es probable que leas el libro en orden. Pero si no es así, tómate tu tiempo para hacer la tarea 4.4 antes de continuar. ¿De acuerdo?

La tarea de autoconversación es una forma de trabajo en la sombra. Por favor, ve despacio y sé amable contigo mismo. Si empiezas a sentirte molesto, desesperado o abrumado por pensamientos negativos, detente y haz otra cosa durante un rato. En este ejercicio, vamos a echar un vistazo a algunos de tus demonios personales y luego vamos a trabajar con ellos.

Empezarás extendiendo toda la baraja para que puedas verla y luego empezaremos a exteriorizar nuestros demonios. Por ejemplo: quizá tengas el demonio de creer que eres un amigo terrible. No es el peor demonio del mundo, pero a muchos nos molesta, así que a ver si encuentras una carta que lo represente. Podría darte algunas sugerencias, pero creo que es mejor que revises la baraja del tarot y lo descubras por ti mismo. Que sepas que *hay* una carta que puede representar eso para ti, aunque sea de forma bastante aproximada. Cuando hayas encontrado esa carta, pregúntate: «¿Qué me está diciendo?». Dale voz, expresa lo que te dice en una o dos frases y anótalo en la columna de la izquierda.

A continuación, mira esa carta y recuerda que cada una tiene un lado positivo y otro negativo (véase la tarea 1.2). A veces, el lado negativo no es más que un lado positivo que se ha desequilibrado o desajustado un poco. Cada una de estas cartas tiene una función, e incluso las más duras no están ahí para atormentarte y hacer de tu vida un infierno. Están ahí porque son herramientas de la experiencia humana. Por ejemplo, el terriblemente ansioso 9 de espadas: la ansiedad tiene un propósito evolutivo, que es protegernos de las cosas peligrosas permitiéndonos anticiparnos a ellas. Así que en este paso, trata de señalar la función útil de esa carta en lugar de simplemente alejarla y anótalo en la columna central de la carta.

Por último, elige una carta más, no una carta al azar, sino una seleccionada deliberadamente en función de lo que creas que sería una elección adecuada como respuesta positiva. Esta carta representará una buena forma de hacer frente a la energía negativa de la primera carta. Si al principio te cuesta encontrarla, accede a esa versión positiva, servicial y sabia de ti mismo que conocimos en el último ejercicio y pregúntale: «¿Cuál es tu mejor consejo para afrontar esto?». Una vez que lo hayas encontrado, dale voz a la carta, una respuesta a las cosas negativas que escribiste en la primera columna. Vas a dejar que esta carta tenga literalmente la última palabra.

No hace falta decir que es un ejercicio muy poderoso. Elige tu última carta con cuidado. Que sea algo en lo que puedas creer. Y cuando en los próximos días hables negativamente, podrás volver a esta carta y preguntarte: «¿Cuál es mi mejor respuesta a eso?». A veces sólo recordarás el aspecto de la carta y eso será suficiente. Tu carta de respuesta, al final, debería ser más poderosa que la que representa el pensamiento negativo. En última instancia, se trata de un ejercicio de equilibrio que, cuando se hace de la manera correcta da a tu mejor yo una voz más fuerte.

Instrucciones

1 | Despliega toda la baraja de tarot. Crea una estructura de cinco columnas en tu cuaderno o en tu ordenador.

2 | En la columna uno, escribe las narraciones que te cuentas a ti mismo: ¿qué recuerdos reproduces? ¿Qué te distrae? ¿Qué te provoca ansiedad? ¿Qué te hace sentir mal? ¿Qué te impide actuar?

3 | En la columna dos, anota una carta que pueda representar esas narraciones en tu caso.

4 | En la columna tres, pregúntate cuál es el lado *positivo* de la carta que has elegido: ¿para qué sirve? ¿En qué sentido es una parte esencial de la experiencia humana? Remítete a la tarea 1.2 si es necesario.

5 | A continuación, elige una carta que pueda representar a un aliado que te ayude a contrarrestar tu autoconversación. Escribe qué carta es en la columna cuatro.

6 | En la columna cinco, anota lo que esa carta podría decir en tu favor.

A continuación encontrarás un ejemplo para demostrar mis afirmaciones.

1. Autoconversación negativa	2. Carta de autoconversación	3. Cara positiva de la carta de autoconversación	4. Carta de respuesta	5. Respuesta consciente
«¡Otras personas tienen la vida más resuelta que yo! ¿Por qué son mejores que yo? ¡Doy pena! Por lo tanto, ¡dan pena!».	5 de espadas	«La competitividad no es del todo mala. Te hace esforzarte más. Siempre puedes competir contra ti mismo».	8 de pentáculos	«Tienes prioridades firmes y trabajas duro en las cosas que te importan. Eso es lo importante».

_____

_____

_____

_____

_____

_____

_____

_____

_____

_____

_____

Tarea final
Recorrer el camino

A estas alturas, ya me habrás oído hablar de «vivir el poema» cuando trabajas con el tarot, y para esta tarea final vamos a hacer precisamente eso. En lugar de tan sólo mirar hacia fuera para las sincronicidades y coincidencias que el tarot llama nuestra atención, vamos a buscar activamente maneras de expresar lo que está en la carta. (En realidad esto es un adelanto del capítulo 8, donde empezaremos la aventura de cambiarnos a nosotros mismos y al mundo que nos rodea a través del vehículo del tarot).

Instrucciones

1 | Saca una carta. A lo largo de un día, busca la manera de representar su apariencia literal y/o su significado o mensaje simbólico. Si lo deseas, puedes ayudarte de las siguientes indicaciones. Si lo consideras oportuno, puedes encontrar múltiples medios, modos y capas de expresión.

- ¿Qué están haciendo las figuras representadas en la carta? ¿Cómo sería tu vida si hicieras algo así?
- ¿Qué llevan puesto? ¿Sus ropas son para protegerse? ¿Para cortejar? ¿Para mostrar estatus? ¿Qué ropa tienen que pueda cumplir ese propósito?
- ¿Cuál es su lenguaje corporal? ¿Qué harías tú si te encontraras en esa posición?
- ¿Cuál es su expresión facial? ¿Cuál es su estado de ánimo? ¿Se te ocurre cómo ponerte en ese estado de ánimo?
- Si la carta representara el primer momento de una escena de cinco minutos, ¿qué ocurriría a continuación? ¿Se te ocurre alguna forma de representar ese arco narrativo en tu día a día?
- ¿Cuáles son algunos de los significados positivos y negativos de la carta? ¿Cómo podrías demostrarlo en tu vida?

2 | Documentar la experiencia de representar la carta.

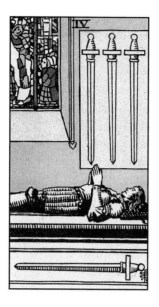

Por ejemplo, si has sacado el 4 de espadas, podrías echarte a dormir la siesta, completamente vestido, como el caballero que protagoniza esta imagen. Podrías arrodillarte para rezar, como la figura de la vidriera. Basándote más en el significado que en la imagen literal, podrías respirar hondo en medio de una discusión. Podrías concederle a tu hijo que pasara un tiempo fuera (¡pero sólo si se lo merece!). Podrías escribir un sueño que tuviste anoche.

• Carta que he sacado: _____

• Simbolismo que he notado:_____

_____

_____

_____

_____

_____

• Cómo «viví el poema»:_____

_____

_____

_____

_____

_____

_____

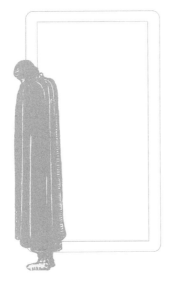

Capítulo 5
HACER UNA PREGUNTA

¿Cómo es posible que hayamos llegado a la mitad del libro y *hayamos hemos* hablado de hacer una pregunta? Al fin y al cabo, la razón por la que la gente viene al tarot, cuando se trata de eso, es *para poder hacer preguntas*.

Puede que hayamos tardado en llegar hasta aquí, pero antes hemos tenido que hacer el trabajo preliminar. ¿Por qué? Volviendo a nuestra analogía lingüística: si haces una pregunta en un idioma extranjero, ¿qué probabilidades tienes de entender la respuesta? Has dominado unas cuantas frases de un libro, una aplicación o un instructor, y te han dado la impresión de que obtendrías una respuesta breve de una o dos frases que entenderías perfectamente, y la persona lo diría *muy despacio,* y ya está. Pero en realidad, las respuestas suelen ser mucho más complejas que un simple «Sí» o «No» o «El baño está allí, detrás de la mujer de la chaqueta roja». Al menos las respuestas que merecen la pena.

Las respuestas en el tarot son tan complejas como en la vida, por lo que resulta necesario hablar el idioma del tarot con cierta fluidez antes de poder entender lo que el tarot estaba tratando de decir. Al principio, el tarot habla de forma impresionista, como «¡Esto parece muy emocionante!» o «¡Esto parece muy desalentador!».

Pero a medida que nuestro mapa neuronal de las cartas se rellena y se hace más complejo, descubrimos que estas afirmaciones básicas adquieren dimensión y matices, iluminando escenarios, responsabilidades y proyecciones que nunca habíamos previsto.

Hacer una pregunta es lo que suscita estas visiones; es el grito que desencadena el eco, la piedra que provoca las ondas, la luz del sol que agrieta la cáscara de la semilla. (Hay algunos lectores afortunados, podría decirse, que no necesitan una pregunta para darte una lectura; su intuición los guía para empezar a hablarte y decirte lo que necesitas saber. Pero para la gran mayoría de nosotros, el encuadre que proporcionan las preguntas es vital).

Por lo tanto, hacer una pregunta está en el corazón del tarot, y hacer una *buena pregunta* importa.

Predicción, perspicacia y agencia

Voy a ser atrevida y decir que hay dos tipos de preguntas de tarot.

El primer tipo de pregunta es: *¿Qué va a pasar?*, es decir, predicción. El segundo tipo de pregunta es: *¿Por qué está pasando esto?* La lectura de la intuición es quizás la forma preferida de leer el tarot hoy en día, pero la predicción también merece ser tenida en cuenta.

En tu larga carrera como lector de tarot, es probable que te encuentres con lectores que dicen que no hacen predicciones en absoluto. Éstos son los que yo considero lectores de la pregunta dos. Eso es totalmente lícito, y puede que al final decidas que tú también eres un lector de esta pregunta. Pero en este cuaderno vamos a aprender a hacer ambas cosas.

Ahora bien, antes de entrar en el meollo de *¿Qué va a pasar?* y *¿Por qué está pasando?*, hay otra cuestión que debo mencionar. Es una que muchos lectores no abordan, pero que creo que puede ser la más importante de todas: *¿Qué puedo hacer al respecto?* Porque si no intentas hacer algo con la información que has obtenido de tu lectura, estás viviendo una profecía autocumplida. Algo va a ocurrir, pero tú ya no tienes ni voz ni voto. Eso es fatalismo, y es el mayor peligro al que nos enfrentamos cuando nos declaramos adivinos y nos volvemos hacia lo desconocido.

Destino y libre albedrío

Si vamos a intentar responder a esas preguntas –*¿Qué va a pasar? ¿Por qué va a ocurrir? ¿Qué puedo hacer al respecto?*–, tenemos que hablar por un momento de destino y de libre albedrío. (Algunos prefieren decir «determinismo» y «albedrío»). Creo que vivimos suspendidos entre esas dos fuerzas; algunas cosas no podemos cambiarlas, mientras que otras sí. Hay cosas que no queremos cambiar, y otras que deberíamos. Estas distinciones se acentúan cuando trabajamos con el tarot.

Una creencia común de la gente cuando se acerca por primera vez al tarot es pensar que, al dedicarse a él, simplemente se está revelando un destino que ya ha sido escrito de antemano en su totalidad. Desde esta perspectiva, todo lo que estás haciendo en la lectura es obtener información privilegiada. En el mejor de los casos, este tipo de fatalismo confirma lo que ya crees. En el peor, te priva de cualquier motivación para hacer algo por tu futuro.

Por otra parte (sobre todo en los Estados Unidos del siglo XXI), a menudo se nos anima a pensar que podemos hacer cualquier cosa si nos lo proponemos. Aunque es útil hasta cierto punto, esta actitud falla de manera estrepitosa cuando las cosas no salen como queremos y, tarde o temprano, todos experimentamos un fracaso de cualquier tipo. Está claro, pensamos, que *debe* haber sido culpa nuestra. Creemos que no nos hemos esforzado lo suficiente. Pero, en realidad, ¿en qué nos ayuda eso?

En el capítulo 4, dije que las imágenes del tarot nos muestran la «cualidad del momento»; la forma o patrón sutil de las cosas por venir. Creo que, si bien la forma general de lo que está por venir puede ser una cuestión del destino, su expresión específica pertenece mucho más al ámbito del libre albedrío.

He aquí una analogía astrológica: el retorno de Saturno. Alrededor de los veintinueve años, es posible que tomes la decisión de asumir más responsabilidades cuando se trata de ser adulto. Si no lo haces, puede que te veas forzado a afrontar la responsabilidad de una forma que te resulte menos agradable subjetivamente de lo que hubiera sido la elección consciente de hacerlo. La otra analogía que me gusta es la del automóvil: es mucho menos probable que te marees cuando estás en el asiento del conductor que cuando estás sentado en el lado del copiloto mirando el móvil. En ambos casos, las circunstancias son las mismas. Pero tu experiencia puede ser muy distinta.

En realidad, creo que ni el destino ni el libre albedrío funcionan exactamente como pensamos, y puede que nunca tengamos un modelo perfecto para ello. Sin embargo, teniendo esto en cuenta, he descubierto que la siguiente forma de ver el mundo funciona bastante bien:

Es constructivo utilizar tu ilusión de libre albedrío para lidiar con tu ilusión de destino.

En otras palabras: claro que puede haber límites a lo que puedes hacer (a los magos que conozco les gusta poner este ejemplo: «Por mucho que me guste, no puedo ser jugador profesional de baloncesto porque sólo mido 1,70 m»). Pero si *actúas como si* vivieras en un universo de libre albedrío, es probable que descubras que puedes hacer mucho más de lo que crees. Hay reglas en este juego de la vida, pero eso no significa que no puedas jugar. Puedes y debes hacerlo.

Utilizar el mapa

Es bueno recordar que el tarot no es, en sí mismo, un dios o un demonio. Puede parecer una entidad espiritual, y tal vez lo sea. A veces es divertido pensar que tiene personalidad. Pero a la hora de la verdad, es saludable pensar en el tarot más como un vehículo, una herramienta o un aparato. Uno espeluznante y sagrado, sin duda, y digno de respeto y trato especial. Pero, en última instancia, eres tú quien manda, no las cartas.

Mi analogía favorita para el tarot es la del mapa. ¿Qué hace un mapa? Te da información. Te dice cómo puedes llegar del punto A al punto B. Te puede decir qué ciudades hay cerca; puede ofrecerte una variedad de destinos posibles. Puede decirte lo fácil o difícil que es llegar a ellos; puede ayudarte a saber qué es razonable y qué no es razonable intentar hacer en un solo día. Pero hay una cosa que un mapa no hace: *no te dice lo que tienes que hacer.*

Con un mapa, uno traza su propio viaje, adonde sea que quiera ir. Puedes ir hoy, mañana o *nunca*. Puedes ir al norte, al sur o al ecuador, si quieres. Puedes viajar en línea recta, a vuelo de pájaro, o dar vueltas en círculo, de modo que un viaje de ocho kilómetros te lleve cinco días. *Podrías tirar el mapa por la ventana.*

Eso es libre albedrío.

Cuando trabajas con el tarot, en última instancia, tú decides con quién vas a hablar y adónde vas a ir. Eso no quiere decir que no haya límites: a veces las circunstancias reducen drásticamente nuestras opciones. Pero siempre hay una respuesta mejor y peor para cada situación, y el tarot nos ayuda a descubrir cuál es la mejor respuesta para nosotros.

Predicción, perspicacia y por qué eres vidente

Hacer buenas preguntas te ayudará a descubrir dónde se encuentran los límites del destino para ti personalmente, así como las mejores respuestas a esos límites. En los capítulos 1, 2 y 3 has ampliado tu comprensión de lo que puede significar una carta, de modo que ahora cada una te ofrece un abanico razonablemente amplio de interpretaciones. En el capítulo 4, te preguntamos de dónde proceden la información y los consejos que recibes en una lectura de tarot; es de esperar que ahora confíes en la «mejor versión de ti mismo» lo suficiente como para hacerle caso. Como te dirá cualquiera que haya hecho alguna vez algún tipo de adivinación, los mensajes pueden parecer extraños, extrañamente acertados, justo en la diana. Esto se debe a que esta versión ampliada de ti mismo, tu Gran Yo, si lo prefieres, es mágica y perceptiva, y sabe mucho más de lo que crees.

En este capítulo vamos a probar el Gran Yo. He mencionado los conceptos de predicción y perspicacia. Para la tarea de este capítulo, llamaremos a la predicción «Mirar lejos». Y vamos a llamar a la perspicacia «Mirar en profundidad».

Puede que te preocupe no ser lo bastante intuitivo para la predicción. Mucha gente que se acerca por primera vez al tarot predictivo piensa: «Dios, soy tan psíquico como el pomo de una puerta. No hay manera de que sea capaz de predecir nada». Pero el hecho es que sí tienes capacidad de predicción, todo el mundo la tiene, porque tienes capacidad para crear patrones.

Esto podría ser tan sencillo como lo que ocurre cuando lanzas una pelota: sabes más o menos dónde va a caer, gracias a las leyes de la física. Ahora dirás: «Bueno, sí, pero eso es física. Eso es diferente». Pues bien, consideremos otro ejemplo. ¿Has tenido alguna vez una conversación con tu amigo y sabes exactamente lo que va a decir… y entonces lo dice? Eso no es física. Eso es predicción, y todo el mundo puede hacerlo hasta cierto punto. «Es normal», dirás. Pues sí. Crear patrones es normal. La predicción es normal.

¿Necesitas más ejemplos? Digamos que has perdido las llaves. Las buscas por todas partes, enfadado y en silencio. En algún momento dices en voz alta: «¿Dónde están mis llaves?», y en ese instante las ves. Aparecen en un lugar donde habías mirado cinco veces. Es casi como si pronunciaras un conjuro mágico cuando preguntas dónde están tus llaves. ¿Y qué me dices de las canciones de ruptura? Si alguna vez has roto con alguien, te habrás dado cuenta de que parece que todas las canciones que escuchas en la radio tratan sobre la ruptura. De repente, todo gira en torno a ti. Es curioso, ¿verdad?

Ahora puedes argumentar que eso es sólo tu cerebro filtrando todo, excepto lo que es relevante para ti. Pero ¿acaso no es eso exactamente lo que estamos haciendo en una lectura de tarot? Estamos filtrando la información que no es útil para nosotros y haciendo un patrón con la que sí lo es.

Es así de sencillo. Así que dejemos a un lado tus dudas sobre si eres psíquico, ¿de acuerdo? «Psíquico» es tan sólo una palabra que estorba.

Capítulo 5: tareas: visión general

Las tareas de este capítulo, y honestamente, las tareas de la mayor parte del resto de este libro, son tareas cotidianas. Hasta ahora, has trabajado con conceptos, frases y significados individuales. Pero ahora vamos a ver qué ocurre cuando pones esos conceptos, frases y significados en contexto, es decir, en interpretación. Éste es el corazón de lo que hacemos como lectores de tarot: construimos narrativas y trayectorias de historias; contamos cuentos. De hecho, en cierto modo no somos tanto lectores como *autores*.

Estas tareas son como los problemas de palabras que hacías en clase de matemáticas, sólo que en lugar de calcular la distancia que puede recorrer una locomotora que viaja a 112 kilómetros por hora en cuarenta y tres minutos, vas a intentar averiguar qué va a ocurrir a continuación con cada una de las personas de varios escenarios hipotéticos. Además, aunque la respuesta correcta a la pregunta sobre la locomotora es unos *cincuenta kilómetros*, en estos ejercicios no hay respuestas correctas o incorrectas. Siempre que puedas justificar lo que has dicho y que tenga sentido para ti, todo irá bien.

Sólo por diversión, decidí nombrar a la mayoría de los personajes con los nombres de los individuos afines a la Aurora Dorada, cuyas barajas fueron responsables del lanzamiento de la era moderna del tarot: McGregor Mathers, Pamela Colman Smith, Aleister Crowley, Arthur Edward Waite, Frieda Harris, etc. Los nombres son reales; las situaciones, aunque verosímiles, son ficticias. ¡Sus respuestas no pueden perjudicar a nadie! Utilizarás la técnica del tarot pasado que aprendiste en el capítulo 2 y sacarás las cartas que mejor describan cada escenario. Con el tiempo, por supuesto, sacarás las cartas al azar, pero ahora las estamos eligiendo deliberadamente.

Prepárate para escribir uno o dos párrafos para este tipo de tareas, porque necesitarás al menos unas cuantas frases para describir la carta que has recibido, el significado que te ha sugerido y por qué ese significado es relevante para la circunstancia. (Ni que decir tiene que más siempre está bien).

Los dos primeros son ejercicios de predicción basados en situaciones hipotéticas que les ocurren a otras personas. Los otros dos ejercicios son «Mirar en profundidad», basados en la percepción de lo que ocurre cuando se amplían esos escenarios. Los cuatro ejercicios ponen a prueba tu capacidad de empatía; los cuatro te retan a imaginarte en la vida de otra persona, que es una habilidad que utilizarás todos los días de tu vida como tarotista.

Y en la tarea final de este capítulo, te planteas un problema o una preocupación. Utiliza las habilidades que acabas de practicar para encontrar posibles resultados e interpretaciones y, finalmente, al son de las arpas angélicas y las trompetas victoriosas, saca tu carta y encuentra la respuesta.

Tarea 5.1

Mirar más allá: ¿qué es probable que ocurra?

En esta primera tarea, describo la naturaleza del problema en cuestión, tanto con palabras como con una carta del tarot. A continuación, planteo tres posibles resultados. (Para cada uno de ellos, vas a decidir qué carta lo representa mejor; es decir, vas a elegir *deliberadamente* una carta en lugar de sacarla *al azar*. (Es una forma de aplicar el lenguaje del tarot que has desarrollado en la primera mitad del libro). Puede que acabes teniendo varias candidatas diferentes para cada una de estas opciones. Sólo puedes elegir una, así que tómate tu tiempo y redúcelo a tu mejor carta, y explica por qué la has elegido.

Te animo a que pienses en estos personajes como personas reales (aunque no lo sean), y a que aportes al ejercicio un espíritu compasivo y libre de prejuicios. Todos somos humanos; todos tenemos defectos y a todos nos vendría bien que alguien nos escuchara y nos ayudara, si puede hacerlo.

Instrucciones

¿Cómo se ven en el tarot los posibles resultados de cada uno de estos escenarios? Nombra una carta para cada uno y, en pocas frases, explica por qué la has elegido. ¿Había alguna conexión en las imágenes? ¿El estado de ánimo? ¿Una palabra clave o una correspondencia?

Escenario 1: el problema de Pam

Pam está casada. Durante un viaje, tuvo una aventura de una noche con un compañero de trabajo. Llamemos a esta situación el 7 de espadas. ¿Qué es probable que ocurra?

1 | No vuelve a ocurrir y Pam nunca se lo menciona a su marido, quien nunca sospecha nada.

   • Carta que he elegido:_____

   • Por qué la elegí:_____

   _____

   _____

2 | La aventura se convierte en algo más. Pam siente un profundo conflicto y empieza a preguntarse si debería divorciarse.

  • Carta que he elegido:_____

  • Por qué la elegí:_____

  _____

  _____

3 | Pam se lo comenta a su terapeuta, quien le aconseja que lo hable con su marido y le ofrece una derivación para terapia de pareja.

  • Carta que he elegido:_____

  • Por qué la elegí:_____

  _____

  _____

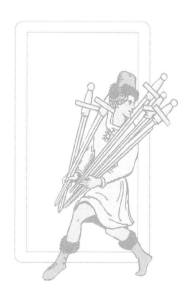

Escenario 2: el dilema de Aleister

Aleister está harto de su trabajo en Starbucks, realmente harto. Sueña con volver a estudiar, o tal vez intentar triunfar como músico. Llamemos a esta situación el 4 de copas. ¿Qué es probable que suceda?

1 | Aleister no hace nada. Sigue trabajando en el Starbucks, pero se queja mucho a su amiga Pam.

   • Carta que he elegido:_____

   • Por qué la elegí:_____

   _____

   _____

2 | Aleister empieza a investigar sobre la escuela de posgrado. Solicita sus expedientes académicos y pide recomendaciones a sus antiguos profesores. Aún no está seguro. Se pregunta si podrá compaginar el trabajo con los estudios.

   • Carta que he elegido:_____

   • Por qué la elegí:_____

   _____

   _____

3 | Un día, Aleister se levanta y deja su trabajo. Vuelve a vivir con sus padres mientras decide qué hacer.

    • Carta que he elegido:_____

    • Por qué la elegí:_____

    _____

    _____

Escenario 3: crisis de identidad de Arthur

Arthur acaba de jubilarse y no sabe qué hacer. Está en casa, se aburre, vuelve loca a su esposa y se siente un poco inútil. Llamemos a esta situación la carta del juicio. ¿Qué es probable que ocurra?

JUSTICIA

1 | Arthur ve mucho YouTube. Ve un vídeo de bricolaje que explica cómo arreglar un grifo que gotea. Se da cuenta de que hay muchas cosas en casa que necesitan cierta atención.

    • Carta que he elegido:_____

    • Por qué la elegí:_____

    _____

    _____

2 | Arthur se entrega a todas las cosas relajantes que solía hacer para desconectar. Se sienta frente al televisor con una cerveza. El sillón se le hunde de tanto sentarse. Engorda cinco kilos.

    • Carta que he elegido:_____

    • Por qué la elegí:_____

    _____

    _____

3 | Arthur tiene más tiempo para leer, así que va mucho a la biblioteca. Agota la colección bastante rápido, pero se da cuenta de que le gusta ver allí a gente de su pueblo.

    • Carta que he elegido:_____

    • Por qué la elegí:_____

    _____

    _____

Tarea 5.2
Mirar más allá: ¿qué «debería» hacer? (o ¿qué pasaría si…?)

En tu primera tarea de «Mirar más allá», preguntaste: «¿Qué va a pasar?». En ésta, te va a abordar la pregunta de seguimiento natural: ¿qué «debería» hacer?

He escrito «debería» entre comillas porque creo que es un poco problemático. Cuando uno piensa «*¿Qué debo hacer?*», siempre enlaza la pregunta: «¿Según quién?». Espero que, como ya has visto en el capítulo 4, la respuesta se parezca a «Según la mejor versión de mí mismo», es decir, la mejor amalgama de influencias de tu vida; tus guías, tus dioses, tus espíritus, tus mentores, todo y todos los que tienen tus mejores intereses en mente.

Sin embargo, si lees para otra persona (o si lees para ti mismo con prisas), probablemente no hayas pasado por ese proceso. Cuando la persona que tienes frente a ti te pregunta: «¿Qué debería hacer?», no sabes si se refiere a «¿Qué creen mis padres que debería hacer?» o «¿Qué creen mis compañeros que debería hacer? » o «¿Qué crees tú, tarotista, que debería hacer?». Así que acostumbro a eliminar por completo el «debería» de la ecuación.

Por suerte, es muy fácil reformular con rapidez una pregunta «debería», y una forma de hacerlo es convertirla en una pregunta predictiva, «Mirar más allá». En lugar de preguntar abiertamente «¿Qué debería hacer?», planteo algunas opciones: *¿Qué es probable que ocurra si hago A/B/C?*

Básicamente, estoy tomando la pregunta predictiva «¿Qué es probable que ocurra?» y le añado «si». Este pensamiento condicional o hipotético nos aleja un paso más de la realidad dada y nos adentra en el terreno de los futuros posibles.

Cuando trabajo con hipótesis, creo que es mejor no ir demasiado lejos. Un paso está bien; cinco o seis pasos empiezan a llevarte a un espacio mental lineal y pasivo, que es lo contrario de lo que queremos. Así que, «¿Qué es probable que pase si contacto con mi ex?» es una pregunta concreta. Pero te vas a volver loco si empiezas a pensar así: *Si me pongo en contacto con mi ex por correo electrónico, ¿qué es probable que* ocurra *si empiezo «Querido John» frente a «Hola» o frente a «Sólo pensaba en ti»?* Simplemente no.

Instrucciones

1 | Para cada uno de estos problemas, he resaltado una de las respuestas de la tarea 5.1. Busca la carta que elegiste para describir esa respuesta y apártala. Busca la carta que elegiste para describir esa respuesta y apártala.

2 | Ahora que ya tienes la respuesta a lo que iba a ocurrir, tu cliente, Pamela, Aleister o Arthur, te pregunta «¿Qué debo hacer?», es decir, «¿Qué es probable que ocurra si yo…?».

Imagina tres respuestas posibles, tres caminos hipotéticos diferentes que podría tomar el cliente.

¿Qué cartas podrían representar estas tres posibles respuestas?

Por ejemplo, en el caso del primer escenario, el problema de Pam, vamos a suponer que se ha producido el segundo resultado. La aventura de Pam se ha convertido en un romance; se siente confusa y no sabe qué hacer. Te pregunta: «¿Qué debo hacer?».

Tu trabajo consiste en proponer tres posibles enfoques como, por ejemplo: podría dejar a su marido; podría ir a terapia e intentar solucionarlo; podría seguir intentando llevar las dos relaciones. Evidentemente, existen más posibilidades, pero éstas son algunas de las que se me ocurren. Para cada posible camino, piensa en una carta que lo represente. Escribe estas tres posibles respuestas, no hace falta que saques las cartas.

3 | Luego, tras decidir cuáles son esos posibles caminos y qué cartas los representan, vas a barajar el mazo y sacar SÓLO UNA carta al azar. Es probable que esta carta no sea una de las tres que imaginaste. Si lo es, ¡genial! Pero si no lo es, tampoco pasa nada. Ahora has empezado a pensar desde el punto de vista de tu cliente, y deberías ser capaz de interpretar la carta que sea en función de la situación.

Escenario 1: el problema de Pam

Pam está casada. Ha tenido una aventura de una noche con un compañero de trabajo durante un viaje. La aventura se ha convertido en algo más, y ahora Pam se siente en conflicto. Pam pregunta: «¿Qué debo hacer?».

- ¿Qué carta elegiste para describir este escenario en la tarea 5.1? Déjala a un lado.
- Reformula la pregunta «debería». ¿Qué puede hacer Pam al respecto? ¿Qué ocurrirá si…?
  - Nueva pregunta: _____

- Imagina tres caminos posibles. ¿Qué tres cartas podrían representar esos caminos? (No hace falta que saques las cartas reales de tu baraja; se trata de un ejercicio imaginario).

  - Primer camino: _____

  - En representación la carta: _____

  - Segundo camino: _____

  - En representación la carta: _____

  - Tercer camino: _____

  - En representación la carta: _____

- Mezcla la baraja, dejando sólo la carta que describe el escenario original. Saca una carta al azar. ¿Qué significa y cuál es tu consejo para Pam?

  - Carta aleatoria: _____

  - Mi interpretación: _____

  _____

  _____

  _____

  _____

  - Consejo que le daría a Pam: _____

  _____

  _____

  _____

  _____

Escenario 2: el dilema de Aleister

Aleister está harto de su trabajo en Starbucks. Sueña con volver a estudiar, o tal vez intentar triunfar como músico. Un día se levanta y deja el trabajo. Vuelve a vivir con sus padres mientras decide qué hacer. Aleister pregunta: «¿Qué debo hacer?».

- ¿Qué carta elegiste para describir este escenario en la tarea 5.1? Déjala a un lado.
- Reformula la pregunta «debería». ¿Qué puede hacer Aleister al respecto? ¿Qué pasaría si…?
    - Nueva pregunta: _____

- Imagina tres caminos posibles. ¿Qué tres cartas podrían representar esos caminos? (No hace falta que saques las cartas reales de tu baraja; se trata de un ejercicio imaginario).

    - Primer camino: _____

    - En representación la carta: _____

    - Segundo camino: _____

    - En representación la carta: _____

    - Tercer camino: _____

    - En representación la carta: _____

- Mezcla la baraja, dejando sólo la carta que describe el escenario original. Saca una carta al azar. ¿Qué significa y cuál es tu consejo para Aleister?

    - Carta aleatoria: _____

    - Mi interpretación: _____

    _____

    _____

    _____

    _____

• Consejo que le daría a Aleister: _____

_____

_____

_____

_____

Escenario 3: crisis de identidad de Arthur

Arthur acaba de jubilarse y no sabe qué hacer. Tiene más tiempo para leer, así que acude bastante a la biblioteca. Se da cuenta de que le gusta coincidir y charlar allí con gente de su pueblo. Pero se aburre y se siente un poco inútil. Arthur pregunta: «¿Qué debo hacer?».

• ¿Qué carta elegiste para describir este escenario en la tarea 5.1? Déjala a un lado.
• Reformula la pregunta «debería». ¿Qué puede hacer Arthur al respecto? ¿Qué ocurrirá si…?

Nueva pregunta: _____

• Imagina tres caminos posibles. ¿Qué tres cartas podrían representar esos caminos? (No hace falta que saques las cartas reales de tu baraja; se trata de un ejercicio imaginario).

• Primer camino: _____

• En representación la carta: _____

• Segundo camino: _____

• En representación la carta: _____

• Tercer camino: _____

• En representación la carta: _____

• Mezcla la baraja, dejando sólo la carta que describe el escenario original. Saca una carta al azar. ¿Qué significa y cuál es tu consejo para Arthur?

    • Carta aleatoria: _____

    • Mi interpretación: _____

_____

_____

_____

_____

    • Consejo que le daría a Arthur: _____

_____

_____

_____

_____

Tarea 5.3
Mirar en profundidad: ¿por qué ocurre X?

Con las tareas de Mirar en profundidad, pasamos a un enfoque fundamental que aplicarás una y otra vez en tu práctica del tarot: causa y efecto; el «porqué» y el «cómo» de las cosas. Tanto si decides practicar la predicción como si no, sin duda, trabajarás con la pregunta de por qué las cosas son como son. Si consigues entender los motivos y las causas, podrás establecer una trayectoria narrativa y comprender mejor la historia que tú o tu cliente estáis representando, así como la forma de cambiarla.

Como en la primera tarea de este capítulo, te daré una situación y una carta para representarla. Luego veremos tres posibles causas raíz de cómo se produjo esta situación. Tu trabajo es encontrar una carta que represente cada una de las causas en el lenguaje del tarot. A veces, las causas profundas de diferentes problemas resultan similares, así que no te preocupes si acabas utilizando algunas de las mismas cartas más de una vez. Como siempre,

¡improvisa cuanto quieras! A ver si se te ocurren otras causas profundas y cartas que las describan.

Instrucciones

¿Qué aspecto tienen en el tarot las posibles causas profundas de cada una de estas situaciones? Nombra una carta para cada una y, en unas pocas frases, explica por qué la has elegido. ¿Había alguna conexión en las imágenes? ¿El estado de ánimo? ¿Una palabra clave o una correspondencia?

Escenario 1: la angustia de Frieda

Las relaciones entre Frieda y su hijo adulto son tensas.

Harry vive cerca de ella, pero hace meses que no se hablan. Llamemos a esta situación el 5 de pentáculos. ¿Por qué sucede esto?

¿Cuáles son algunas de las posibles causas profundas?

¿Qué aspecto tiene cada una de estas causas en el tarot? Nombra una carta para cada una y explica por qué la has elegido.

1 | Frieda está decepcionada con Harry. Siempre quiso que fuera un profesional y un triunfador, como ella. En cambio, tiene un trabajo con un salario mínimo y pasa su tiempo libre jugando con sus amigos. A Harry no le gusta sentirse juzgado.

• Carta de causa raíz:_____

• Por qué la elegí:_____

_____

_____

2 | Frieda y Harry tienen opiniones políticas opuestas y firmemente arraigadas. No pueden hablar sin discutir. Cada uno se siente poco respetado por el otro.

• Carta de causa raíz:_____

• Por qué la elegí:_____

_____

_____

3 | Frieda y el padre de Harry se divorciaron hace unos años. Frieda ha empezado a salir con alguien por primera vez desde la separación. Esto es una situación incómoda para todos.

• Carta de causa raíz:_____

• Por qué la elegí:_____

_____

_____

Escenario 2: el sueño de McGregor

McGregor tiene un sueño recurrente. Siempre está intentando ir a algún sitio, pero siempre hay algo se lo impide: un monstruo, un giro equivocado, ha olvidado las llaves… Llamemos a esta situación onírica recurrente la luna. ¿Por qué sucede esto? ¿Cuáles son las posibles causas?

¿Qué aspecto tiene cada una de estas causas en el tarot? Nombra una carta para cada una y explica por qué la has elegido.

LA LUNA

1 | McGregor pasa por una crisis de identidad sexual. Se siente incómodo con su nuevo yo que intenta imponerse; intenta alejar sus pensamientos al respecto cuando surgen.

• Carta de causa raíz:_____

• Por qué la elegí:_____

_____

_____

2 | McGregor lleva mucho tiempo trabajando en su oficina sin un ascenso ni un aumento de sueldo. Sabe que vale más, pero el miedo le impide decir algo.

• Carta de causa raíz:_____

• Por qué la elegí:_____

_____

_____

3 | Cuando McGregor era joven, era un «buen chico». Si sus padres le pedían que no hiciera algo, no lo hacía. Ahora ya no está con sus padres y siente necesidad de aventura.

• Carta de causa raíz:_____

• Por qué la elegí:_____

_____

_____

Escenario 3: la novela de Moina

Moina quiere escribir una novela. Sin embargo, cada vez que se sienta a escribir, se distrae, se desanima o piensa en algo más importante que hacer. Nunca consigue terminar más que unas pocas frases cada vez. Llamemos a esta situación la sota de espadas. ¿Por qué ocurre esto? ¿Cuáles son las posibles causas? ¿Qué aspecto tiene cada una de estas causas en el tarot? Nombra una carta para cada una y explica por qué la has elegido.

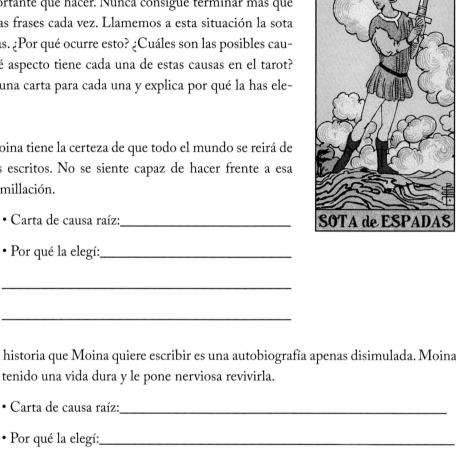

1 | Moina tiene la certeza de que todo el mundo se reirá de sus escritos. No se siente capaz de hacer frente a esa humillación.

   • Carta de causa raíz:_____

   • Por qué la elegí:_____

   _____

   _____

2 | La historia que Moina quiere escribir es una autobiografía apenas disimulada. Moina ha tenido una vida dura y le pone nerviosa revivirla.

   • Carta de causa raíz:_____

   • Por qué la elegí:_____

   _____

   _____

3 | Moina se muestra ambivalente a la hora de dedicar tiempo a algo tan «frívolo» como escribir. En su familia, lo más importante es mantener la casa limpia y un trabajo estable.

    • Carta de causa raíz:_____

    • Por qué la elegí:_____

_____

_____

Tarea 5.4
Mirar en profundidad: ¿qué «debería» hacer?
(o ¿cómo puedo mejorar esta situación?)

Volvamos ahora a esa embarazosa pregunta: «¿Qué «debería hacer?». La primera vez que te planteaste esta pregunta, leíamos para predecir (Mirar más allá). Convertimos «¿Qué debería hacer?» en una pregunta más poderosa: «¿Qué es probable que ocurra si…?».

Esta vez vamos a leer para profundizar (Mirar en profundidad), y una vez más, vamos a alterar sutilmente la pregunta recuperando nuestro poder y eliminando el «debería». En su lugar, vamos a preguntar: «¿Qué puedo cambiar de mí mismo para mejorar esta situación?». O, de un modo más resumido: «¿Cómo puedo mejorar esta situación?». Mientras exploramos esta pregunta, prestaremos especial atención a las esperanzas y los miedos que empañan nuestra visión de la situación.

Instrucciones

1 | Para cada uno de estos problemas, he resaltado una de las respuestas de la tarea 5.3. Busca la carta que elegiste para describir esa respuesta y apártala.

2 | Ahora que tienes la respuesta a lo que iba a ocurrir, tu cliente, Frieda, McGregor o Moina, te pregunta «¿Qué debo hacer?», es decir, «¿Qué es probable que ocurra si yo…?». Imagina tres posibles respuestas, tres caminos hipotéticos diferentes que podría tomar el cliente. ¿Qué cartas podrían representar estas tres posibles respuestas? Por ejemplo: en el caso del primer escenario, «La angustia de Frieda», vamos a fingir que la causa fundamental es la opción dos: Frieda y Harry se han encontrado en extremos opuestos de una división política aparentemente insalvable. Frieda te pregunta: «¿Qué debo hacer?». Tu trabajo consiste en idear tres posibles enfoques.

3 | A continuación, una vez decididos cuáles son esos posibles caminos y qué cartas los representan, vas a mezclar la baraja y sacar una carta al azar. Como en la tarea 5.2, es probable que esta carta no sea una de las tres que has elegido, y no pasa nada. ¿Y si lo es? También bien.

Escenario 1: la angustia de Frieda

Las relaciones entre Frieda y su hijo mayor, Harry, son tensas. Vive cerca, pero hace meses que no se hablan. Frieda y Harry tienen opiniones políticas opuestas y firmemente arraigadas. No pueden hablar sin discutir. Cada uno se siente no respetado por el otro. Frieda pregunta: «¿Qué debo hacer?».

- ¿Qué carta elegiste para describir este escenario en la tarea 5.3? Encuéntrala y apártala.
- Reformula la pregunta «debería»: ¿cómo puede Frieda mejorar la situación?

  - Nueva pregunta: _____

- Imagina tres caminos posibles. ¿Qué tres cartas los representan? (No es necesario sacar las cartas reales de la baraja; se trata de un ejercicio imaginario).

  - Primer camino: _____

  - En representación la carta: _____

  - Segundo camino: _____

  - En representación la carta: _____

  - Tercer camino: _____

  - En representación la carta: _____

- Mezcla la baraja, dejando sólo la carta que describe el escenario original. Saca una carta al azar. ¿Qué significa y cuál es tu consejo para Frieda?

  - Carta aleatoria: _____

  - Mi interpretación: _____

  _____

  _____

  _____

  _____

• Consejo que le daría a Frieda: _____

_____

_____

_____

_____

Escenario 2: el sueño de McGregor

McGregor tiene un sueño recurrente. Siempre está intentando ir a algún sitio, pero siempre hay algo que se lo impide: un monstruo, un giro equivocado, se ha olvidado las llaves… Cuando McGregor era pequeño, era un «niño bueno». Si sus padres le decían que no hiciera algo, no lo hacía. Ahora sus padres ya no están y McGregor empieza a ansiar aventuras. McGregor se pregunta: «¿Qué debería hacer?».

• ¿Qué carta elegiste para describir este escenario en la tarea 5.3? Encuéntrala y apártala.
• Reformula la pregunta «debería»: ¿cómo puede McGregor mejorar la situación?

   • Nueva pregunta: _____

• Imagina tres caminos posibles. ¿Qué tres cartas los representan? (No es necesario sacar las cartas reales de la baraja; se trata de un ejercicio imaginario).

   • Primer camino: _____

   • En representación la carta: _____

   • Segundo camino: _____

   • En representación la carta: _____

   • Tercer camino: _____

   • En representación la carta: _____

- Mezcla la baraja, dejando sólo la carta que describe el escenario original. Saca una carta al azar. ¿Qué significa y cuál es tu consejo para McGregor?

  - Carta aleatoria: _____

  - Mi interpretación: _____

  _____

  _____

  _____

  _____

  - Consejo que le daría a McGregor: _____

  _____

  _____

  _____

  _____

Escenario 3: la novela de Moina

Moina quiere escribir una novela. Sin embargo, cada vez que se sienta a escribir, se distrae, se desanima o piensa en algo más importante que hacer. Moina está segura de que todo el mundo se reirá de lo que escribe. No puede enfrentarse a esa humillación. Moina se pregunta: «¿Qué debería hacer?».

- ¿Qué carta elegiste para describir este escenario en la tarea 5.3? Encuéntrala y apártala.
- Reformula la pregunta «debería»: ¿cómo puede Moina mejorar la situación?

  - Nueva pregunta: _____

• Imagina tres caminos posibles. ¿Qué tres cartas los representan? (No es necesario sacar las cartas reales de la baraja; se trata de un ejercicio imaginario).

    • Primer camino: _____

    • En representación la carta: _____

    • Segundo camino: _____

    • En representación la carta: _____

    • Tercer camino: _____

    • En representación la carta: _____

• Mezcla la baraja, dejando sólo la carta que describe el escenario original. Saca una carta al azar. ¿Qué significa y cuál es tu consejo para Moina?

    • Carta aleatoria: _____

    • Mi interpretación: _____

_____

_____

_____

_____

    • Consejo que le daría a Moina: _____

_____

_____

_____

_____

«Cebar la bomba»: lo que acabamos de aprender

Todo tarotista ha pasado por la experiencia de quedarse en blanco mientras observa una carta. «No tengo ni idea de lo que significa». Es lo que vuelve locos a los nuevos lectores, y no sin razón.

Pero la serie de ejercicios que aparecen en este capítulo es el mejor antídoto que conozco para el «congelamiento cerebral del tarot». Al forzarnos a idear planteamientos, resultados y respuestas hipotéticas, y luego preguntarnos cómo se verían en el tarot, estamos haciendo lo que yo llamo «cebar la bomba». Estás forzando a tu cerebro a pensar en circunstancias y acontecimientos imaginarios y convertirlos en tarot.

De hecho, descubrirás que cada vez que tengas una pregunta difícil de responder, cebar la bomba mejorará tu probabilidad de obtener una respuesta con sentido. Tus lecturas serán más contundentes, más claras y más rápidas. Si te tomas un momento para imaginar las posibles respuestas y las cartas que podrían acompañarlas antes incluso de empezar a sacarlas, las posibilidades de entender cualquier carta que obtengas serán mayores, incluso para las preguntas más ridículas.

Te pondré un ejemplo: cuando tenía catorce años, mi hijo, que es la persona con menos inclinaciones metafísicas del mundo, estaba obsesionado con el fútbol en general y con el equipo de los Packers en particular.

Un día, antes de que se dispusiera a ver un partido de los Packers, intentó mantener una conversación al respecto conmigo, la persona menos aficionada al fútbol del mundo. Pensé para mis adentros: «¿Cómo podemos hacer que esta conversación sea interesante para él y también para mí?».

Como suele ocurrir, tenía una baraja Rider-Waite-Smith cerca, así que dije: «Muy bien. Veamos quién va a ganar este partido». Mi hijo, para su honra, me siguió la corriente. Me pregunté cómo iba a saber si los Packers iban a ganar, cebando la bomba.

—¿Cómo son sus camisetas? –pregunté.

—Son verdes –dijo mi hijo.

—Vale –contesté–. Veamos si hay alguna camiseta verde en esta baraja.

Y, por supuesto, encontré una, en el 7 de bastos. Dije: «Muy bien. Si sacamos el 7 de bastos, los Packers van a ganar». Extendí la baraja hacia él, sacó una carta, y era, cómo no, el 7 de bastos. ¡Y los Packers ganaron!

No sé qué hubiera pasado si nos hubiera salido cualquier otra carta como, por ejemplo, una de las cartas de gente desnuda, o la rueda de la fortuna, que no tiene ninguna persona. No sé qué habría hecho si eso hubiera ocurrido, y no *espero* que esto mismo ocurra siempre, o nunca más. Tampoco es probable que te suceda a ti, pero estoy segura de que algo parecido sí te ocurrirá. Lo que quiero decir es que el tarot es anómalo y maravilloso, y a veces te regala cosas como ésta.

¿Por qué funciona cebar la bomba? Quién sabe. Pero si imaginamos el tarot como una relación entre amigos (¿y por qué no íbamos a hacerlo?), es como si los amigos se hicieran señales mutuamente de que están buscando respuestas. Es como si tu amigo te tocara en el hombro y te dijera: «¿Puedo preguntarte algo?». Inmediatamente, empezarías a pensar en formas en las que podrías ayudar o ideas que podrías ofrecer. Por la razón que sea, el tarot actúa *así*.

Tarea final
Cebar la bomba

Durante la mayor parte de este capítulo, te has dedicado a abordar los problemas de personajes de ficción. Para la tarea final, aplicaremos esta técnica a los problemas de la persona más importante de la sala: ¡*tú*!

Instrucciones

1 | **Descripción.** Elige un tema o problema que tengas en tu vida, sea cual sea: algo que sea importante para ti en este momento y que no sepas cómo resolver.

• Mi problema: _____

_____

_____

_____

_____

_____

2 | **Ceba la bomba.** Piensa en cinco posibles respuestas al problema. Cinco pueden parecer muchas, pero puedes incluir algunas opciones ridículas si quieres. («Iré en transporte público y veré un anuncio o un libro que alguien está leyendo y me dará una gran idea!»). A continuación, vas a nombrar las cartas que representarían cada una de esas respuestas. Ésa es la parte de «cebar la bomba». Incluso puedes elegir una respuesta como comodín; es decir, «una respuesta que aún no se me ha ocurrido». Si lo haces, tendrás que saber qué te parece un «comodín» en el lenguaje del tarot. ¿Es el loco? ¿El as de bastos? ¿El 2 de espadas?

• Primera opción: _____

_____

_____

• Carta que la representa: _____

• Segunda opción: _____

_____

_____

• Carta que la representa: _____

• Tercera opción: _____

_____

_____

• Carta que la representa: _____

• Cuarta opción: _____

_____

_____

• Carta que la representa: _____

• Quinta opción: _____

_____

_____

• Carta que la representa: _____

3 | **Tirada final.** Una vez que hayas obtenido las cinco posibles respuestas y sus correspondientes cartas, mézclalas de nuevo en la baraja. A continuación, saca una sola carta, al azar, para tu respuesta final.

• Carta que he sacado: _____

• Mi interpretación: _____

_____

_____

_____

_____

¿Cuánto se acercó tu respuesta real a cualquiera de esas cinco posibles respuestas que se te ocurrieron? Puede que fuera exactamente una de ellas, o puede que no. Sea lo que sea, ahora deberías poder obtener algún tipo de información al respecto y algún tipo de orientación.

Capítulo 6
DISEÑAR UNA TIRADA

¿Qué es una tirada? Lo más probable es que, si has hojeado el Librito Blanco que viene con tu baraja de tarot, hayas visto un gran número de tiradas: disposiciones que incluyen varias cartas a la vez. La más común con diferencia es la cruz celta, que utiliza diez cartas para examinar el antes, el después, los porqués y los cómos, los datos y los potenciales y los retos de cualquier situación concreta.

La cruz celta es una tirada general poderosa, por eso es tan popular. Pero también puede ser abrumadora, sobre todo si te lanzas de pleno la primera semana que has abierto la baraja.

Puedes acabar intentando hacer tantas conexiones que acabes con un nido de ratas de hilos, el nudoso lío de abstracciones que yo llamo «tarot difuso». Y cuando sólo tienes una o dos ideas sobre lo que puede significar cada carta, juntar incluso dos cartas puede provocar un cortocircuito.

Siempre pienso en la gran escena de la clase de adivinación de *Harry Potter y el prisionero de Azkaban*, cuando Ron intenta leer las hojas de té: «Oh, sí… bueno, Harry tiene una especie de cruz torcida… eso son las pruebas y el sufrimiento. Y, eh, que podría haber sol, y eso es la felicidad, así que… ¿vas a sufrir… pero vas a ser feliz por ello?».[1]

Puede que te sientas perdido incluso antes de empezar.

---

1. *Harry Potter y el prisionero de Azkaban*, dirigida por Alfonso Cuarón (Burbank, CA: Warner Bros., 2004).

Leer en dos y tres dimensiones

Por eso hemos dedicado tanto tiempo a establecer relaciones más profundas y conexiones más amplias con cada carta antes de aventurarnos a diseñar la tirada. También nos hemos tomado un tiempo para averiguar cómo hacer preguntas bien construidas y que empoderen a uno mismo. A decir verdad, creo que se puede llegar al corazón de la mayoría de las preguntas bien construidas de forma rápida y eficaz utilizando sólo tiradas de dos y tres cartas. En realidad, eso es todo lo que es la cruz celta: una colección de tiradas de dos y tres cartas que se han fusionado en una gran bestia de diez cartas. Al deconstruirla, puedes elegir lo que necesitas saber, y en el orden en que precisas saberlo.

En el capítulo 5, aprendimos a hacer preguntas y encontrar respuestas con una sola carta. En este capítulo, ampliamos esa habilidad con lecturas de varias cartas. Empezamos con tiradas de dos y tres cartas y, al final, exploramos tiradas más grandes que pueden responder a cualquier género o forma de pregunta.

Si puedes leer una sola carta, cosa que ya has demostrado, puedes leer varias. Las tiradas ahorran tiempo: en lugar de hacer las preguntas secuencialmente, puedes hacerlas todas a la vez y luego ir seleccionando la información que te ofrecen.

También puedes observar las relaciones entre las cartas y extraer más significado de ellas. ¿Cómo se extrae el significado de varias cartas? Pues asignando a cada carta una función. Las tiradas definen la función de cada carta, lo que le da un significado adicional al restringir su esfera de influencia.

Si haces una pregunta y sacas una sola carta, esa carta podría significar algo que va a ocurrir, algo que vale la pena intentar o algo que hay que evitar; puedes ver enseguida cómo este tipo de interpretación imprecisa dificulta la lectura. La misma carta puede ser un consejo («¡Haz esto!») o una advertencia («¡No hagas esto!»). Sinceramente, es un milagro que alguien consiga leer el tarot en más de una semana.

Gran parte de las dificultades causadas por una interpretación imprecisa pueden resolverse tan sólo formulando buenas preguntas, algo que aprendimos a hacer en el último capítulo. Podemos resolver aún más diseñando tiradas. Si cuando miras una carta no estás del todo seguro de si es algo que te estás diciendo a ti mismo o algo que temes, algo que quieres o algo que estás proyectando, asígnale un trabajo. Al asignar un papel a la carta, estás diciendo: «Vale, tu trabajo es decirme lo que temo». O: «Tu trabajo es decirme la realidad interior». «Tu trabajo es decirme cuál es el consejo».

Cada carta puede tener una tarea diferente y limitada. Al restringir la interpretación de modo que la carta sólo pueda hablar de una manera determinada, te facilitas un poco la tarea de encontrar el significado que deseas dentro del contexto con el que estás trabajando. En mi consulta, utilizo sobre todo tiradas de dos o tres cartas. A veces hago una tirada de cinco cartas, que, conceptualmente, es casi siempre una lectura de dos cartas y de tres cartas juntas.

De esta forma modular, se pueden construir estructuras bastante complejas a partir de otras muy sencillas. A mí me resulta útil empezar con dos o tres cartas y luego ir añadiendo más en función de lo que el cliente quiera saber. Nunca saco más de diez o doce cartas a la vez. Al estratificar la lectura, obtienes el significado poco a poco, respondiendo a la pregunta dónde está.

Computación en la nube, al estilo del tarot

La gente me dice a menudo: «Conozco los significados de cada carta, pero me cuesta unirlos y leer una tirada». Esto es del todo comprensible. Si has aprendido los significados del Librito Blanco, tienes un conjunto de conceptos abstractos. Los frotas juntos como un par de palos, pero no se encienden.

Supongamos que tu amigo ha acudido a ti para pedirte consejo sobre el trabajo al que opta. Te decides por una tirada de «hacer/no hacer». Has sacado el 8 de bastos («Hazlo») y la sacerdotisa («No lo hagas»). El Librito Blanco que venía en la caja sugiere que la sacerdotisa significa «misterio». También dice que el 8 de bastos representa «actividad». «Misterio, actividad», piensas, mirando por la ventana. Tu amigo te mira expectante y toma su té. Tu gato entra y se sienta sobre las cartas. «Actividad, misterio… no tengo nada». Tal vez admitas que no lo entiendes. O quizá balbuceas vagamente que algo está a punto de suceder y que podría ser misterioso. O tal vez digas: «Necesitamos una carta aclaratoria» o «Volvamos a dibujar eso, no me estaba concentrando». Afortunadamente, esto no te va a pasar, porque has estado trabajando en este libro. No estás confiando en dos o tres ideas abstractas e inescrutables sobre cada carta. Has estado *viviendo* con ellas. Sabes cómo *se sienten*. ¡Una «nube difusa de cognición», una riqueza de significado, rodea cada carta!

«Genial», piensas. «¡Ahora estás diciendo que mi lectura podría significar prácticamente cualquier cosa!». Ah, no, amigo mío. Otra vez echemos un vistazo a esas «nubes difusas de cognición». ¿Recuerdas la nube de la sacerdotisa del capítulo 2? Hagamos una para el 8 de bastos y comparémoslas.

Sí, hay mucha información en estos mapas. Y en tu mente todavía hay más. (Y sí, el «misterio» está en el reino de la sacerdotisa, igual que la «actividad» está en el del 8 de pastos). Pero no toda esta información es relevante o útil. No toda cobra sentido en un contexto dado. Lo que quieres son sólo las partes que importan.

Pediste información sobre lo que hay que hacer y lo que no hay que hacer: lo que es útil y lo que no lo es para la situación de tu amigo. Eso significa que cuando observes a la sacerdotisa y al 8 de bastos, debes pensar en las formas en que son diferentes, incluso opuestas entre sí.

Una cosa que percibo enseguida es que la sacerdotisa es acuática y el 8 de bastos es ardiente. Esto me resulta interesante, pero sigo indagando. El opuesto más llamativo que encuentro tiene algo que ver con los secretos frente a la comunicación. La sacerdotisa es famosa por ser reservada y esotérica. No se puede leer ese pergamino que asoma por la túnica y tiene la boca cerrada. El 8 de bastos, por el contrario, lo deja todo al descubierto. Al 8 de bastos le *encanta* la publicidad, los *tweets* virales y la libertad de información.

FUEGO
INSPIRACIÓN

VIAJAR
CONOCIMIENTOS

corriente eléctrica

hinojo

Prometeo   mente universal   PASAPORTE

BOMBILLA

¡Eureka!   *intuición*   VELOCIDAD de LA LUZ

CALOR   ENTENDIMIENTO   profecía   CORREO

noticias   comunicación

«gran crecimiento»   △

8 DE ESPADAS   Reuniones Zoom

división rápida

interferencia   inminencia   MENSAJES   **ENTREGA**
EXPRESS

multiplicación   FRENESÍ   actividad
MEDIATICO

reflejos rápidos

vivacidad

VIRALIDAD   arcoíris

toma de
LIBERTADES   multitud instantánea

«todo olores fugaces»

arco y flecha

MILITARIZACIÓN
DESCARADA

RAPIDEZ
EFÍMERA

Recuerda que tu amigo te está pidiendo consejo sobre el trabajo al que opta. Así que, dada esta tirada y en este contexto, la sacerdotisa y el 8 de bastos podrían significar algo así como: «Comunícate. No seas secreto». Y la forma en que traducirías esto a tu amigo podría ser algo parecido a: «Quizá quieras hacer algo para impulsar tu solicitud: llamar por teléfono, preguntar si hay algo más que puedas aportar. Si te preguntan por ese vacío de doce meses en tu currículum, no seas reservado. Sé sincero y cuéntales que te tomaste un año sabático para cuidar de tu madre. Quizá pienses que es demasiada información, pero lo entenderán».

Puede que incluso reconozcas que, además de ser opuestos en algunos aspectos, la suma sacerdotisa y el 8 de bastos tienen algo en común: algo sobre viajes, o tal vez esa cosa rara del «arco y la flecha», que te parece interesante porque te recuerda a la forma en que tu amigo apunta para el trabajo. Sin embargo, si eso no es relevante o útil, no te sientas obligado a mencionarlo. Mis nubes de palabras pueden parecerse o no a las tuyas. Eso no importa demasiado. La cuestión es que, en realidad, sabes mucho sobre estas cartas y, si te tomas un segundo para reflexionar sobre ellas, lo que intentan decir puede salir a la luz.

Además, debo recalcar que no es que tengas que esbozar esto con nubes de palabras literales, como un físico loco, garabateando modelos de la realidad en una servilleta de papel. No. La mente humana es maravillosa en el reconocimiento de patrones. En la práctica, va a ser mucho más como si tuvieras a la sacerdotisa y al 8 de bastos en tu mente y sintieras silencio por un lado y conversación por el otro.

Ocurrirá de forma aparentemente instantánea, porque así es el hemisferio derecho del cerebro. Y una vez que eso ocurre, el único trabajo que te queda es abrir la boca y traducir eso que acabas de captar, de forma que sea relevante y útil para la persona que está sentada a tu lado.

Capítulo 6 Tareas: una visión general

En el capítulo 5, aprendimos a «cebar la bomba» y obtener resultados de las lecturas de una sola carta. En este capítulo, vamos a estudiar detenidamente la teoría y la aplicación de las tiradas de dos cartas y, a continuación, vamos a examinar con detenimiento la teoría y la aplicación de las tiradas de tres cartas.

Vas a hacer bastantes lecturas de dos y tres cartas para escenarios hipotéticos.

A continuación, utilizarás una herramienta de diseño de tiradas e idearás tus propias tiradas para abordar algunos escenarios hipotéticos más. Y, por último, diseñarás tu propia tirada multiuso, la que sacarás cuando alguien te pida una lectura general.

Para cuando termines el capítulo 6, habrás hecho una docena de lecturas aplicadas, ¡y no intentes decirme que no son legítimas sólo porque la mayoría son para personajes de ficción!

Al tarot no le importa. Al final de este capítulo, deberías sentirte seguro de llamarte tarotista. ¡No dejes que nadie te diga lo contrario!

Te recomiendo que no hagas más de una o dos de las lecturas a la vez para que puedas prestar la mejor de tus atenciones a cada una de ellas. Leer muchas tiradas seguidas, sobre todo si usas la misma baraja para todas, puede agotar tu imaginación hasta que todo empiece a parecerte igual. Ese tipo de agotamiento interpretativo nos ocurre a todos; es normal. Pero la buena noticia es que en veinticuatro horas, seguro que tienes un cerebro fresco que puede hacer todo tipo de conexiones nuevas, brillantes y perspicaces. Y es totalmente razonable hacer una lectura cada día (o cada dos días) y tomarse unas semanas para terminar este capítulo.

Tirada de dos cartas: la teoría

Las tiradas de dos cartas son excelentes para todo tipo de cosas: elecciones, decisiones, relaciones; cada vez que un camino se bifurca; cada vez que hay dos cosas opuestas. Los binarios, las polaridades, las dicotomías, las parejas… son el material de las tiradas de dos cartas. A grandes rasgos, creo que hay tres categorías generales de tiradas de dos cartas: contrastes sí/no, contrastes interior/exterior y lo que yo llamo dos de una clase.

Contrastes sí/no
Los contrastes sí/no te ayudan a aislar las opciones mejores y peores asignándoles un valor: algo de lo que quieres más en tu vida y algo de lo que quieres menos en tu vida. Algunos ejemplos son:

- Puntos fuertes y débiles.
- Ventajas/inconvenientes.
- Lo que te alimenta / lo que te agota.
- Algo que abrazar / algo que soltar.
- Hacer / no hacer.

Jugar a confrontar dos cartas entre sí puede ser tremendamente esclarecedor. Por ejemplo, si saco el 7 de espadas como «Hacer», podría significar cualquier cosa, desde pensar de forma innovadora hasta escabullirse de la noche a la mañana. Pero si saco el 8 de Pentáculos como «No hacer» para el 7 de espadas como «Hacer», eso pone de relieve sus diferencias y destaca algo mucho más concreto, posiblemente relacionado con tener que usar mis habilidades de embaucador en lugar de mis habilidades como abeja obrera.

Contrastes interior/exterior

Los contrastes interior/exterior suponen que hay algo familiar, personal y cercano a ti, así como algo que está más lejos, distante y alejado de ti. Aquí no asignamos valores como en los contrastes sí/no; uno no es necesariamente mejor que el otro. Simplemente son distintos. A continuación indico algunos ejemplos:

- Lo que me dice mi instinto / lo que me digo a mí mismo.
- Realidad interior / apariencia exterior.
- Situación / conflicto.
- Uno mismo / otro.
- Conocido / desconocido.

Uno de los contrastes internos/externos más interesantes que he utilizado es «algo que buscar / algo que intentar». Algo que buscar se va a exteriorizar en tu entorno; se va a manifestar de alguna manera; es predictivo. Algo que intentar es algo que vas a intentar hacer realidad; una forma en la que puedes actuar o una lección que puedes encarnar. Esto puede funcionar especialmente bien como práctica de la carta del día.

Tirada de dos del mismo palo

La mayoría de las veces, cuando nos encontramos en una encrucijada, no resulta inmediatamente obvio saber cuál es la opción correcta; parecen iguales. «Seis de una, media docena de la otra», nos decimos, rascándonos la cabeza.

Quizás la tirada de dos más obvia es la de la relación: persona A y persona B. Es perfecta para cualquiera que quiera preguntar sobre su vida amorosa (¡a menos que «sea complicada»!).

Puedes obtener mucha información sobre las dos personas en cuestión simplemente observando la forma en que se relacionan las figuras de las cartas. La mirada: qué o a quién miran. Podrías ver si tienen compatibilidad básica: por ejemplo, si ambas son cartas de bastos, o si ambas son altas. También puedes utilizar la teoría de los elementos (tierra y agua se llevan bien; tierra y aire chocan) si te interesa.

La tirada «Dos del mismo palo» que utilizo con más frecuencia es la opción A / opción B: Cada vez que te enfrentes a una elección o decisión binaria (*¿Qué pasa si doy un paso? / ¿Qué pasa si me mantengo a la espera?* por ejemplo), puedes pedirle al tarot que te dé una idea de lo que puedes esperar si sigues un camino u otro. La decisión, por supuesto, sigue siendo tuya. Pero, como se diría en este caso, quien avisa vale por dos.

Carta uno	Carta dos	Uso
Interior	Exterior	Por ejemplo, la diferencia entre apariencia y realidad, o entre lo que pensamos y lo que decimos
Algo que buscar	Algo que probar	Éste es un gran emparejamiento para probar si sacas dos cartas del día
Uno mismo (persona A)	Otro (persona B)	Es ideal para invitar a reflexionar sobre cualquier relación de dos personas, romántica o no

Situación	Conflicto	Un poco como las dos primeras cartas de la cruz celta: «lo que te cubre» y «lo que te cruza»
Lo que te dices a ti mismo	Lo que te dice tu instinto	Bueno para separar las proyecciones de la verdad
Mayor temor	Mayor deseo	Bueno para comprender las motivaciones
Hacer	No hacer	Autoexplicativo
Ventaja	Inconveniente	Autoexplicativo
Fortaleza	Debilidad	Variación en hacer/no hacer; también: límites/superpoderes
Lo que entiendes	Lo que no entiendes	Bueno para averiguar dónde necesitas iluminar más
Lo que te alimenta	Lo que te agota	Bueno para señalar factores útiles y no útiles
Algo que soltar	Algo que abrazar	Muy bueno para sugerir acciones concretas
Opción A	Opción B	Genial para jugar con dos caminos diferentes

Tarea 6.1
Tirada de dos cartas
Binarias, contrastes, bifurcaciones, dialéctica. ¡Vamos a explorarlo!

Instrucciones
He creado una serie de lecturas de ejemplo sobre nuestros amigos del capítulo 5 y algunos posibles dilemas a los que podrían enfrentarse. Para cada una de ellas, elige el formato de dos cartas que creas que podrían resultar útiles para obtener información y averigua qué tipo de respuestas o consejos puedes dar a estos personajes.

Deberás escribir unas frases interpretando cada carta y otras resumiendo lo que parecen significar juntas.

Escenario 1
Moina tiene una historia que piensa contar ante el público, pero no está muy segura. ¿Cómo puedes ayudarla?

- Tirada de dos cartas que elegí: _____

- Carta uno y mi interpretación:_____

_____

_____

- Carta dos y mi interpretación:_____

_____

_____

- Qué significan estas cartas juntas:_____

_____

_____

_____

_____

Escenario 2

McGregor tiene un nuevo novio. Está emocionado, curioso y nervioso. ¿Qué puedes decirle acerca de su nueva relación?

• Tirada de dos cartas que elegí: _____

• Carta uno y mi interpretación:_____

_____

_____

• Carta dos y mi interpretación:_____

_____

_____

• Qué significan estas cartas juntas:_____

_____

_____

_____

_____

Escenario 3

Pam está agotada. Hay demasiadas cosas que hacer. ¿Puedes ayudarla a priorizar lo que es importante?

• Tirada de dos cartas que elegí: _____

• Carta uno y mi interpretación:_____

_____

_____

• Carta dos y mi interpretación:_____

_____

_____

• Qué significan estas cartas juntas:_____

_____

_____

_____

_____

Escenario 4

Aleister tiene una entrevista de trabajo mañana. ¿Puedes ofrecerle algún consejo sobre lo que puede esperar o cómo debe presentarse?

• Tirada de dos cartas que elegí: _____

• Carta uno y mi interpretación:_____

_____

_____

• Carta dos y mi interpretación:_____

_____

_____

• Qué significan estas cartas juntas:_____

_____

_____

_____

Escenario 5

Elige una pregunta que tenga que ver con una elección, decisión o relación. Elige una tirada de dos cartas para responderla e intenta la lectura.

• Tirada de dos cartas que elegí: _____

• Carta uno y mi interpretación:_____

_____

_____

• Carta dos y mi interpretación:_____

_____

_____

• Qué significan estas cartas juntas:_____

_____

_____

_____

_____

Tirada de tres cartas: la teoría

Si las tiradas de dos cartas son estupendas para las elecciones, los contrastes y las relaciones, las de tres cartas ofrecen lo que yo llamo información tridimensional. Proporcionan profundidad. Son maravillosas para llegar a las causas, motivaciones y trayectorias.

Difusión de trayectorias

La lectura de tres cartas más famosa, y la que todo el mundo prueba en algún momento, es la PPF: pasado, presente y futuro. Creo que funciona especialmente bien porque el pasado y el presente son elementos que ya conoces, y eso facilita la lectura del futuro; puedes ver una trayectoria, reconocer una historia.

La ventana que utilices para pasado, presente y futuro puede ser tan amplia o estrecha como quieras. Puede ser el pasado más reciente, como ayer, y el futuro más cercano, como mañana. O puede remontarse a toda una vida o una generación. Todo depende de lo que te apetezca leer y de la naturaleza de la pregunta.

Otras tiradas basadas en la trayectoria son la tirada «causa / situación actual / resultado» y la tirada «inicio / proceso / resultados». Aunque muchos de estos márgenes sean similares, el uso de frases diferentes ayuda a precisar el matiz exacto que se desea. Como todo encuestador o estadístico ya sabe, la manera de formular la pregunta determina la respuesta. ¡Así que vale la pena elegir bien las palabras!

Dos cartas, más

Muchas de las tiradas de tres cartas no son más que tiradas de dos cartas mejoradas. A menudo, cuando nos enfrentamos a situaciones inciertas, cometemos el error de pensar que sólo existen dos realidades posibles: una sería la realidad que ya existe y la otra es la realidad que potencialmente podría existir. Pero podría haber un tercer elemento en el que no has pensado, o algo que está bajo la superficie, o algo que se encuentra entre ambas o más allá de éstas. ¿Por qué insistir en tus miedos y esperanzas (una tirada de dos cartas) sin considerar también la realidad (una tirada de tres cartas)? ¿Qué sentido tiene conocer los obstáculos y las soluciones (tirada de dos cartas) sin conocer también el destino (tirada de tres cartas)?

Las tiradas de tres cartas pueden ser una hoja de ruta para diversificar y ampliar tus opciones, pero lo único que te dan de manera reiterada es perspectiva. He incluido una tabla con varias tiradas de tres cartas útiles, pero es sólo un punto de partida. ¡Inventa la tuya propia!

Carta uno	Carta dos	Carta tres
Pasado	Presente	Futuro
Causas	Situación actual	Resultado
Subconscientes	Conscientes	Proyecciones
Inicio	Proceso	Resultados
Obstáculo	Meta	Ayuda
Hacer	Camino intermedio	No hacer
Lo que entiendes	Lo que no entiendes	Lo que necesitas saber
Miedos	Realidad	Esperanzas
Lo que dejas atrás	Lo que encontrarás	Lo que buscas
Tus verdaderos sentimientos	Tu máscara	La diferencia (por qué no son lo mismo)
Algo oculto	Algo conocido	Algo a tener en cuenta

Tarea 6.2
Tirada de tres cartas
Causas, motivos, trayectorias, narrativas. ¡Llevemos esto a tres dimensiones!

Instrucciones

En este ejercicio, vamos a tratar situaciones de la cultura popular o de la ficción, en parte porque es interesante, y en parte para reforzar la idea de que las historias están en todas partes.

Elige una baraja de tres cartas para responder a cada una de estas preguntas. A continuación, saca las cartas e intenta las lecturas. Escribe unas frases interpretando cada carta y otras resumiendo lo que parecen significar juntas.

Ejercicio 1

Elige una canción favorita. Observa el punto de vista del narrador que canta la canción. La mayoría de las canciones se desarrollan desde el punto de vista de un narrador en primera persona, lo que ayuda a identificar quién habla y cuál es su problema. Incluso las que están en segunda persona («You Don't Own Me») o en tercera persona («She Drives Me Crazy»); puedes elegir un protagonista.

Puedes elegir una canción de amor, de ruptura, de «quiero», de «soy el amo del universo», de «perseguido por la ley»… lo que quieras.

Sea cual sea el tipo de canción que elijas, averigua cuál es el problema y luego elige una tirada de tres cartas para ayudar al personaje en cuestión a hacerse una idea de lo que está pasando con su problema. Si deberían haberle puesto un anillo y no lo hicieron, ¿cuál es la alternativa? ¿Cuál es el camino a seguir?

• Tirada de tres cartas que elegí: _____

• Cartas que he sacado:

    1._____

    2._____

    3._____

• Mi interpretación de cada carta:_____

_____

_____

_____

• Qué significan estas cartas juntas:_____

_____

_____

Ejercicio 2

Elige una historia favorita o una escena de una historia favorita. Puede ser un libro, una película o incluso un videojuego o una novela gráfica. Piensa en la situación del protagonista. (Lo más probable es que éste sepa menos que tú sobre lo que ocurre en la trama general). Selecciona un momento en el que el héroe de la historia tenga un dilema o un problema que esté intentando resolver y, a continuación, elige una tirada de tres cartas para él y mira qué consejos puedes ofrecerle.

• Tirada de tres cartas que elegí: _____

• Cartas que he sacado:

    1._____

    2._____

    3._____

• Mi interpretación de cada carta:_____

_____

_____

_____

• Qué significan estas cartas juntas:_____

_____

_____

Ejercicio 3

Elige una pregunta que tenga que ver con una línea temporal o aborde causas, efectos y motivaciones, o en la que tú, como protagonista, debas actuar con información desconocida. Elige una tirada de tres cartas e intenta leer.

• Tirada de tres cartas que elegí: _____

• Cartas que he sacado:

     1._____

     2._____

     3._____

• Mi interpretación de cada carta:_____

_____

_____

_____

_____

• Qué significan estas cartas juntas:_____

_____

_____

Tarea 6.3
Diseña tus propias tiradas

Ahora que ya tienes práctica trabajando al unísono con dos o tres cartas, ha llegado la hora de sacar tu ingenio y diseñar tu propia tirada, lo cual es más fácil de lo que crees.

Lo que vamos a hacer aquí es trabajar con un banco enorme de posibles posiciones o «etiquetas», las cuales pueden ayudarte a enfocar la información que intentas evocar de las cartas. Elige las posiciones que crees que hablarán más directamente de los escenarios que he enunciado en cada problema; saca las cartas; por último, interpreta los significados.

He clasificado las etiquetas en varias categorías para simplificar las cosas: quién, cuándo, tema, influencias, intenciones. Puedes utilizar *cualquier* combinación de ellas y no es necesario que aciertes en todas las categorías. Por ejemplo: lo más probable es que cada tirada que leas tenga que ver con una persona, pero eso no significa debas que tener una carta de «quién». Cada tirada que leas trata de algún tema en particular, pero eso no significa que tenga que tener una carta de «tema». Y si no ves una etiqueta que funcione bien, invéntate *otra*.

Te he proporcionado tres preguntas distintas, aunque muy típicas, con las que puedes jugar; todas están basadas en preguntas que me han hecho como tarotista en activo. Puedes diseñar una tirada del tipo que quieras para intentar responderlas. Como ya he comentado, a menudo es una buena idea combinar tiradas de dos y tres cartas para construir tiradas más grandes. Así, por ejemplo, para una tirada de relaciones, podrías usar una posición para la pareja 1 y otra para la pareja 2, y luego podrías añadir el pasado, presente y futuro de la relación, lo que da como resultado una lectura fácil de cinco cartas.

O, por ejemplo, podrías juntar situación/conflicto, que es esencialmente el centro de la clásica tirada de la cruz celta, donde se llaman «lo que te cubre» y «lo que te cruza». Luego podrías añadir miedos/esperanzas/realidad a eso, o causas/resultados. Lo que sea que despierte tu curiosidad cuando leas la pregunta, ésa es una posición potencial. A ver qué se te ocurre. El diseño de las tiradas es muy divertido.

Una advertencia: asegúrate de no tener demasiados sinónimos en la tirada. Si asignas a una carta «lo que hay que perseguir» y a otra «lo que hay que abrazar», puede que cuando intentes leerlas te des cuenta de que sus significados coinciden demasiado como para ser útiles.

Podrías encontrarte con el mismo problema si tuvieras tanto «lo que te bloquea» como «lo que debes soltar». Es importante contar con diferentes opciones lingüísticas, pero cuidado con leer dos veces lo que en esencia es lo mismo. Pretendes una tirada lo más económica y a la par *informativa* que puedas ingeniar.

Instrucciones

1 | Lee la pregunta.

2 | Diseña una tirada, usando las etiquetas aportadas (además de otras que quieras añadir) para marcar posiciones.

3 | Saca las cartas y prueba las lecturas. Necesitarás escribir algunas frases interpretando cada carta y unas cuantas más resumiendo lo que parecen significar juntas.

Quién	*Dónde*	*Asunto*
tú	ahora (presente)	amor
tu jefe	pasado	salud
tu padre	pasado reciente	finanzas
tu amigo	futuro próximo	inicio
tu compañero de trabajo	futuro	carrera
tu pareja		cuerpo
socio 1		amistades
socio 2		viajes
tus mentores		mente
tu rival		aficiones
		espíritu
		propósito de vida

Influencias	*Influencias (cont.)*	*Intenciones*
ventajas	influencias positivas	qué perseguir
inconvenientes	influencias negativas	qué liberar
problema	pensamientos conscientes	qué abrazar
situación	motivos inconscientes	qué evitar
solución	actitudes	lo que no se puede cambiar
lo que te bloquea	lo que buscas	lo que puede cambiar
lo que te ayuda	realidad interior	lo que debe saber
lo que te atrapa	aspecto exterior	qué medidas tomar
lo que te alimenta	espera	qué tomar del pasado
influencias emergentes	miedos	qué encontrar en el futuro
influencias en retroceso	causa	
mensajes	efectos	
medio ambiente	significado	

Escenario 1

William está enamorado de la novia de su mejor amigo Luke, Maude. ¿Qué puedes decirle?

• Diseño de tres cartas:

_____   _____   _____

• Cartas que he sacado:

1._____

2._____

3._____

• Mi interpretación de cada carta:_____

_____

_____

_____

_____

• Qué significan estas cartas juntas:_____

_____

_____

Escenario 2

Greta y Frieda están pensando en montar un negocio, pero no disponen de dinero y están todavía en la escuela. ¿Cuál es tu consejo?

• Diseño de tres cartas:

_____   _____   _____

• Cartas que he sacado:

     1._____

     2._____

     3._____

• Mi interpretación de cada carta:_____

_____

_____

_____

_____

• Qué significan estas cartas juntas:_____

_____

_____

Escenario 3

Sam perdió a su padre, al que estaba muy unido, hace seis meses. Tiene problemas para concentrarse y «seguir adelante». ¿Cómo puedes ayudar?

• Diseño de tres cartas:

• Cartas que he sacado:

1._____

2._____

3._____

• Mi interpretación de cada carta:_____

_____

_____

_____

_____

• Qué significan estas cartas juntas:_____

_____

_____

Tarea final
Diseña tu propia tirada todoterreno. Uso de cinco o más cartas

Ahora, como ya habrás adivinado, por fin ha llegado el momento de leer por ti mismo. Pero aunque sé que eres una persona muy concisa con las preguntas, preocupaciones y necesidades concretas, en este ejercicio vas a elaborar una tirada general, todoterreno.

En tu esperemos larga carrera como tarotista, te vas a encontrar con el inevitable amigo o cliente que dice: «No sé de qué quiero hablar en mi lectura», o «No tengo ninguna idea general sobre lo que podría ser mejor o peor en mi vida», o «¡Sólo dime mi futuro!». Ahora bien, siempre me siento bastante escéptico cuando la gente me dice que no tiene ni idea de lo que quiere leer. ¿Quién no tiene problemas? Sin embargo, nuestro objetivo como lectores de tarot es ayudar, por lo que necesitamos una tirada que pueda proporcionar algún tipo de visión, incluso si no existe ninguna aportación de la persona que tenemos frente a nosotros.

Tu tirada general podría estar formada por temas sobre el hogar, la pareja, carrera profesional, cosas así. O podrías hacer algo que examine la vida de la persona de una forma más holística, ayudándola a descubrir el tipo de energías y actitudes que la ayudarán, y lo que ya no le sirve.

Instrucciones

1 | Inventa tu propia tirada general de cinco cartas, utilizando las etiquetas enumeradas en la última tarea como punto de partida. Si quieres, puedes utilizar más de cinco cartas.

2 | Una vez que hayas terminado de diseñar la tirada, dale una vuelta más. Puedes pensar en una situación propia sobre la que te gustaría consultar, puedes centrarte en un área general de tu vida o puedes dejarla completamente abierta. Si quieres, puedes leer para un buen amigo en lugar de para ti. Es sólo una oportunidad para ver cómo funciona tu tirada en la práctica.

3 | Documenta tus resultados. Deberás escribir unas frases interpretando cada carta y otras resumiendo lo que parecen significar juntas.

Nota: con tiradas generales, puede ser especialmente útil «cebar la bomba», como aprendimos a hacer en el último capítulo. Por ejemplo, puedes decirte a ti mismo: «Si esta tirada quiere aconsejarme sobre mi próxima jugada, podría ver el carro o el caballo de copas».

Capítulo 7
RITUALES, ETHOS, PRAXIS

Ahora que ya conoces bien tus cartas, ha llegado el momento de ponerte manos a la obra y leer para los demás. En primer lugar, nos ocupamos de nuestra higiene espiritual, es decir, de los rituales de apertura y cierre.

Pensamos en los límites prácticos de nuestro arte: *¿qué puedo y qué no puedo leer?* Luego pensamos en los límites éticos de nuestra habilidad: *¿qué debo y qué no debo leer?* Y también nos ocupamos de la logística a la vieja usanza, para que tengas lo que necesitas cuando debutes como lector de tarot.

Empezaremos por las cuestiones puramente pragmáticas y nos adentraremos en las más metafísicas. Los dos primeros ejercicios tratan de lo que hay que saber («Leyes de adivinación e investigación de responsabilidades») y de lo que hay que tener («La lista de cosas que hay que llevar»): las estructuras legales y las complicaciones financieras con las que nos podemos encontrar, y lo que es útil tener a mano en el espacio de lectura. *Incluso si no tienes intención* de convertirte en profesional, te conviene tener en cuenta estas consideraciones. Seguro que surgen en las conversaciones con amigos y familiares y, si no conoces las respuestas, te estorbarán a la hora de leer.

Las tareas de ethos («Las reglas» y «El juego») se basan en lo que empezamos en el capítulo 4. En ese capítulo, articulamos algunas de nuestras creencias sobre la forma en que funciona el tarot. Aquí también nos enfrentamos a la prueba de nuestras creencias. Si crees que un espíritu benévolo informa tus lecturas, ¿significa eso que puedes decirle a tu cliente que es una buena idea dejar ese trabajo? ¿Que se opere? ¿Que deje su relación? ¿Cómo separas tus opiniones personales de los consejos espirituales? ¿Cuál es la diferencia entre capacitar a un cliente y controlarlo? ¿Dónde está el límite?

El ritual importa

Por último, diseñamos una praxis ritual. ¿Por qué es importante el ritual? Es importante porque durante el intervalo especial en el que leemos el tarot, no estamos realmente en un espacio mental normal. Durante la mayor parte de nuestras vidas despiertos, vivimos en un mundo donde la causa y el efecto son directos. Las formas en que sabemos y descubrimos las cosas son predecibles, y la idea de que se puede obtener conocimiento e información de una manera extraña desde el exterior es casi nimia. Para poder leer el tarot, tienes que ponerte en un marco mental particular, distinto de tu forma normal y cotidiana de ver el mundo, comprando cereales en el pasillo 8 del supermercado.

El tiempo que pasamos en ese espacio mental especial es el momento *oracular*, un término que adopté originalmente del tarotista y físico cuántico Yoav Ben-Dov. ¿Qué es un momento oracular?

Bueno, tiene que ver con la idea de que en el momento de una lectura, accedemos a algo más allá de nosotros mismos; algo más grande que nosotros. Vislumbramos nuestra conexión con el patrón más amplio y nuestra capacidad para percibirlo y trabajar con él.

Cómo creas que funciona depende de ti; es diferente para cada persona. Y, en realidad, no hace falta que tengas una teoría mecanicista de por qué funciona la adivinación. (¿Auras? ¿Rayos? ¿Ondas cerebrales psíquicas?) De hecho, personalmente, creo que ese tipo de teorías materiales pueden ser un obstáculo. No obstante, creo que ayudan a tener un modelo metafórico de lo que ocurre en el momento oracular.

Me gusta pensar que cuando adivinamos, entramos en una especie de *backstage* detrás de la realidad. La vida real es lo que se representa delante del telón; entre bastidores es donde tenemos el atrezo y los cabrestantes, los elevadores y las luces, todo lo que hace que la realidad parezca realidad. Cuando nos adentramos en los bastidores de una lectura, descubrimos cómo funcionan las cosas, por qué tienen el aspecto que tienen, por qué *esto* queda en la sombra y *aquello aparece a la* luz. Y eso es información muy útil.

En nuestra realidad normal y mundana, la información es un poco más difícil de conseguir. Si llevamos esa mentalidad mundana a una lectura, dudamos de nosotros mismos. Nos encontramos limitando a nuestros cinco sentidos lo que creemos que podemos saber.

Por supuesto, es posible pasarse de la raya en la otra dirección. Es posible convencerse de que *todo es una* señal relevante y un oráculo urgente, y antes de que te des cuenta, estás metido en un campo de minas y banderas rojas. Si cada vez que cruzas la calle y cae una piedra lo tomas como una señal de algo que requiere tu atención, probablemente te vuelvas loco.

Nuestra relación con el campo del sentido tiene unos límites.

Así que para seguir siendo lectores de tarot sensatos y con los pies en la tierra, digamos que *sólo* cuando hacemos una lectura de tarot nos abrimos a los patrones y significados más amplios que nos rodean. Después de eso nos cerramos de nuevo, para que podamos vivir como seres humanos normales.

¿Cómo abrimos ese espacio? Eso dependerá de ti. En la última tarea de este capítulo, descubrirás qué rituales funcionan en tu caso.

Tarea 7.1
Investigación de las responsabilidades y las leyes sobre la clarividencia

Según la ley, leer el tarot para alguien que no seas tú mismo se considera «adivinación».

La adivinación existe en un espacio jurídico liminal que varía considerablemente según el país, la provincia, el estado o el condado de residencia; la aplicación de la ley también es muy variable. Debes informarte sobre tu responsabilidad legal para minimizar los riesgos inesperados e inoportunos inherentes de tu práctica.

Legislación local

Te sorprenderá saber que en muchos lugares (al menos en Estados Unidos, que es donde yo vivo y el lugar que mejor conozco) existen regulaciones oficiales sobre «adivinación», que pueden incluir la astrología, la quiromancia, el tarot u otras prácticas. En algunos estados está absolutamente prohibida su práctica; en otros imponen sanciones, tasas o requisitos de licencia, la mayoría de los cuales, en la práctica, nunca llegan a aplicarse. Muchas de las regulaciones son simplemente leyes muy antiguas y en desuso que todo el mundo ignora, como la ley de Boston, que prohíbe comer cacahuetes en la iglesia, o la ley de Fargo, que prohíbe bailar con sombrero.[1] Cuando se cuestionan las leyes sobre la adivinación, suele ocurrir que nuestra consideración nacional por la libertad de expresión se impone y el adivino queda protegido por la Primera Enmienda.[2]

En 2015, el Tribunal Supremo dictó una sentencia en el caso Reed v. Town of Gilbert que se refería a algo conocido como el «principio de discriminación por contenido»14.[3] Básicamente, determinó que, dentro de unos límites razonables, no se puede prohibir el uso de letreros basándose en si se aprueba o desaprueba su contenido. Esto hace que sea legal que los adivinos cuelguen su cartel. Sin embargo, el Estado puede conceder licencias y regular a los adivinos basándose en lo que se conoce como «doctrina de la expresión profesional» (Moore-King contra el condado de Chesterfield).[4] En muchos estados (incluido el mío), las ciudades expiden licencias de adivino por un coste simbólico, y no estaría de más que obtuvieras una en tu país si piensas cobrar por las lecturas de tarot.

Tal vez no consideres que tu práctica del tarot sea «adivinación»; es posible que ni siquiera la consideres un poco predictiva. Pero siempre que obtengas algún tipo de ingresos de la lectura de cartas, es bueno que conozcas la situación legal de los adivinos en tu localidad. También es buena idea incluir la frase «sólo con fines de entretenimiento» en cualquiera de tus materiales promocionales o de mercadotecnia.

Procesador de pagos

Las leyes locales pueden ser una especie de broma pesada en lo que respecta a la adivinación; es más probable que sean un reflejo de los prejuicios culturales locales que una amenaza real para los adivinos. Sin embargo, en lo que se refiere al pago, es posible que te encuentres con serios problemas en la vida real si se trata de cualquier tipo de pago que no sea dinero en efectivo. Muchas instituciones financieras tipifican la adivinación como

---

1. Como ejemplo de contexto histórico fascinante, véase Christine Corcos, «Seeing It Coming since 1945: Prohibiciones y regulaciones estatales del discurso y la actividad de las ciencias astutas», *Journal Articles* 37, n.º 1 (otoño de 2014): 39-114, https://digitalcommons.law.lsu.edu/faculty_scholarship/400/

2. Nick Nefedro v. Montgomery County, Maryland, *et al.*, 414 Md. 585, 966 A.2d 850 (2010), https://casetext.com/case/nefedro-v-montgomery-county; Spiritual Psychic Science Church v. City of Azusa, 39 Cal. 3d501, 217 Cal. Rptr. 225, 703 P.2d 1119 (1985), https://casetext.com/case/spiritual-psychic-science-church-v

3. Reed *et al.* v. Town of Gilbert, Arizona, *et al.*, 576 U.S. 155 (2015).

4. Moore-King v. Cnty. of Chesterfield, Virginia, 819 F. Supp. 2d 604 (2011), https://casetext.com/case/moore-king-v-county-of-chesterfield

«negocio de alto riesgo» y, por tanto, prohíben directamente procesar pagos por servicios de adivinación.

Por ejemplo, la plataforma educativa Teachable y el creador de páginas web Squarespace procesan actualmente los pagos con tarjeta de crédito a través del procesador de pagos Stripe. Por el momento, Stripe *no* permite que ningún adivino utilice sus servicios (aunque no encontrarás lenguaje específico al respecto en su letra pequeña), por lo que es probable que pierdas tu cuenta tarde o temprano si operas con él. Algo parecido ocurre con SumUp e iZettle. Esto me ha ocurrido tanto a mí como a otras personas que conozco. Por suerte, la mayoría de las plataformas permiten más de un procesador de pagos.

En el momento de escribir este libro, Square (que restringe los «materiales ocultos»), PayPal y ApplePay siguen siendo las opciones seguras para los servicios de tarot.

En caso de que acabe vetado por todos los procesadores de pagos más conocidos, hay una serie de opciones que atienden a «empresas de alto riesgo», como PaymentCloud, Host Merchant Services, Durango y Soar. Eso sí, te cobrarán un recargo.

Instrucciones

Investiga las dos preguntas siguientes y averigua cómo se aplican a tu caso. Archiva la información en algún lugar donde puedas encontrarla en el futuro y actualízala cuando lo necesites.

1 | ¿Cuáles son las leyes, estatutos, ordenanzas o reglamentos que rigen la adivinación en tu país, estado, condado o ciudad? ¿Se aplican? ¿Existe una licencia?
2 | Busca opciones de pago (si estás leyendo profesionalmente). Si aceptas pagos a través de tu página web o directamente, ¿qué procesador de pagos utilizas? ¿Está la adivinación entre los «negocios restringidos» del procesador?

Tarea 7.2
La lista de equipaje

Si vas a leer las cartas en otro lugar que no sea tu casa, lo más probable es que tengas que llevar cierta parafernalia relacionada con el tarot cuando salgas por la puerta. No sé tú, pero yo, vaya donde vaya, siempre me olvido de algo; sinceramente, me cuesta recordar más de tres cosas si no tengo una lista.

¿Qué hay que llevar? Hay todo un mundo de accesorios relacionados con el tarot que debes tener en cuenta: tapetes para las tiradas, velas, incienso, cristales, péndulo, runas… ¡y no olvides los pañuelos de papel! Los pañuelos son muy importantes si eres tarotista. Los temas se vuelven emotivos rápidamente y nunca se sabe quién los va a necesitar.

Instrucciones

Ésta es una breve serie de preguntas que te ayudarán a ordenar lo que te quieres llevar (y lo que deseas dejar atrás) cuando salgas al mundo a hacer lecturas. Haz una lista de lo que quieres llevarte de cada categoría. Archiva la lista en algún lugar donde puedas encontrarla en el futuro y actualízala cuando sea necesario.

1 | Baraja: ¿qué barajas llevarás? ¿Cuáles son tus mejores barajas para leer? ¿Otros? ¿Quieres incluir alguna baraja de oráculos, además de tu(s) baraja(s) de tarot?

2 | Otras herramientas adivinatorias: ¿cuáles llevarás? ¿Péndulo? ¿Runas? ¿Huesos?

3 | Accesorios: ¿tela extendida? ¿Cristales? ¿Velas? ¿Aceites? ¿Temporizador? ¿Incienso? ¿Pañuelos de papel?

4 | *Marketing*: ¿cartas de visita? ¿Algún otro producto que quieras vender o mostrar?

_____

_____

_____

_____

_____

_____

_____

_____

_____

_____

Tarea 7.3

Las normas

El objetivo de este ejercicio es ayudarte a identificar tus puntos de vista sobre varias cuestiones habituales que surgen cuando lees las cartas a otras personas. Se trata de un marco para que tú mismo determines cuáles son tus límites como lector. A medida que desarrolles la práctica, tus respuestas podrían cambiar. Aun así, es bueno tener un punto de partida y una respuesta preparada para cuando alguien pregunte.

Las preguntas son muy sencillas de hacer, pero quizá no tanto de responder. He planteado todas las controversias comunes que conozco en el tarot: las que la gente te preguntará, pero también las que tú piensas en privado y puede que no estés seguro de cómo te sientes.

Una vez tengas tus respuestas, es una buena idea volver a plantearte estas preguntas de vez en cuando. Por ejemplo, puede que ahora mismo no te apetezca demasiado hacer predicciones; puede que prefieras Mirar en profundidad a Mirar lejos. Esto puede cambiar con el tiempo. O quizás te sientas seguro con la sincronización, pero después de algunos meses de práctica y resultados, descubras que tus predicciones de sincronización no funcionan tan bien. Así que te alejas un poco de eso. O puede que te parezca bien leer para «gente que no está en la sala» (terceros), pero entonces consigues un cliente cuyo único deseo es espiar y cotillear a todos sus conocidos. Así que cambias tu política al respecto.

No son necesariamente cosas de las que tengas que hablar con tu cliente (ni con nadie, en realidad), pero es bueno que tú mismo las sepas. Adopta una postura y más adelante podrás modificarla si lo necesitas.

Instrucciones

Éstos son una serie de temas sobre los que te preguntarán, tarde o temprano, si lees con regularidad. Tómate un momento para adoptar tu postura frente a cada uno de ellos, reconociendo que está bien que tus pensamientos evolucionen a medida que adquieras más experiencia como lector. Anota tus respuestas en las páginas siguientes o, si lo prefieres, crea un registro digital que puedas consultar y actualizar en el futuro.

1 | **Predicción:** ¿predices? ¿Cuánto libre albedrío crees que tiene tu cliente? ¿Hasta dónde llegan tus predicciones?

2 | **Hipotéticos:** ¿te sientes cómodo leyendo sobre el futuro? («Si hago X, ¿qué ocurrirá?»). ¿Te sientes cómodo leyendo sobre hipótesis extendidas? («Supongamos que hago X, y ocurre Y. ¿Y si entonces hago A o B?»).

3 | **Proyección:** ¿cómo distingues entre tu opinión personal y lo que dicen las cartas? ¿Cuál es la diferencia en tu mente, tu cuerpo o tu actitud cuando expresas esas dos perspectivas diferentes? Cuando te sorprendes expresando tus propias opiniones, ¿cómo se lo transmites al cliente? (A veces me limito a decir: «Hablo como persona/madre/mujer, no como tarotista»).

4 | **Cronometraje:** ¿dispones de un sistema para determinar cuándo tendrá lugar un acontecimiento? Si es así, ¿cuál es? Algunos lectores utilizan correspondencias (Bastos = pronto, pentáculos = dentro de mucho tiempo, 6 de espadas = segundo decanato de Acuario = primera semana de febrero). Algunos emplean las cartas para mostrar «señales», acontecimientos que podrían ocurrir antes o después del suceso, sin ninguna información específica del calendario asociada a ellos. Algunas no responden en absoluto a las preguntas sobre el calendario.

5 | **Localización:** ¿localizas objetos perdidos? Si es así, ¿cuál es tu método?

6 | **Terceros:** algunos lectores no leen los motivos de los que no están en la sala; otros dicen que no pueden y otros que no lo harán. Personalmente, leeré la relación entre el cliente y el tercero, una carta para cada uno. ¿Cuál es su política?

7 | **Preocupaciones de salud:** ¿qué tipo de preguntas te sientes cómodo respondiendo sobre temas médicos? ¿Cuál es tu descargo de responsabilidad? (Te recomiendo encarecidamente que siempre sugieras primero al cliente que acuda al médico).

8 | **¿Es legal?** ¿qué harás cuando sospeches que se ha cometido un delito? ¿Abuso doméstico? ¿Una adicción tratable? ¿Qué traspasa una línea para ti y determina que debes contactar con la policía? ¿Qué números de teléfono, páginas web o contactos de correo electrónico tienes a mano para ofrecer apoyo o servicios que vayan más allá de lo que haces?

9 | **Grandes preguntas del destino:** ¿cómo replantearás las siguientes preguntas: «¿Seré rico/pobre?», «¿Conoceré a alguien alguna vez?», «¿Me quedaré en este trabajo para siempre?», «¿Cuándo moriré?».

10 | **Cartas sagradas:** ¿qué opinas de que los clientes toquen tus cartas? ¿Te parece bien? Si no, ¿cómo se lo transmites sin ofenderlos?

11 | **Precisión:** ¿cómo indicas tu grado de precisión/certeza? (Algunas respuestas posibles: «El ochenta por ciento de las veces resulta que soy exacto». «La gente me dice que X ocurrió tal y como predije»). A veces, no te vas a sentir seguro sobre una tirada o interpretación, lo cual es humano, y es mejor ser honesto al respecto. ¿Qué

dirás cuando no estés seguro de lo que lees? («¿Quién sabe? Podemos probar esta técnica. No hay garantías». «¿Te suena? ¿Qué tendría más sentido para ti?». «¡Puedo equivocarme! Acabo de leer las cartas»).

12 | **Vidente:** te garantizo que alguien te preguntará si eres vidente o no. ¿Cómo entiendes el término *vidente*? ¿Crees que lo eres o no?

1 | **Predicción:** _____

_____

_____

2 | **Hipotéticos:** _____

_____

_____

3 | **Proyección:** _____

_____

_____

4 | **Sincronización:** _____

_____

_____

5 | **Ubicación:** _____

_____

_____

6 | **Terceros:** _____

_____

_____

7 | Problemas de salud: _____

_____

_____

8 | ¿Es legal? _____

_____

_____

9 | Grandes cuestiones del destino: _____

_____

_____

10 | Cartas sagradas: _____

_____

_____

11 | Precisión: _____

_____

_____

12 | Videncia: _____

_____

_____

Tarea 7.4
El discurso

Si lees para otras personas, lo más probable es que la persona que tienes enfrente no sepa mucho sobre el tarot. Puede que hayan acudido a un tarotista unas cuantas veces o nunca; sienten curiosidad, o lo han probado por sí mismos y ahora necesitan que otra persona los ayude a dar el siguiente paso. Unas palabras introductorias ayudan mucho a que la gente se sienta cómoda.

Ésta tarea pretende ayudarte a presentarte a ti mismo y a tu práctica del tarot al cliente. Estas son las preguntas que escucho con más frecuencia de los que son nuevos en el tarot, y que he encontrado más eficaces de hacerlas por adelantado. Si tienes una respuesta fácil para cada una de ellas, te ahorrarás mucho tiempo y esfuerzo. Reserva tus neuronas para leer el tarot!

Personalmente, me encanta responder a esos «todo lo que siempre quise saber sobre el tarot, pero tenía miedo de preguntar» de los clientes. El tarot es muy diferente de todo lo que la mayoría de la gente se encuentra en su vida diaria, y es totalmente comprensible que quiera saber más. Pero al mismo tiempo, es probable que lo quieran saber en el momento, probablemente tengan preguntas personales urgentes, y tú no quieres hacerles perder el tiempo.

Así que mientras se ponen cómodos, explícales lo que haces y plantéales directamente algunas preguntas que puedan realizarse sobre el tarot. Deberías ser capaz de abordar todas las cuestiones de esta tarea en un par de minutos, y entonces estarán listos para sumergirse en la lectura contigo.

Suelo empezar la sesión con una pregunta de mi propia cosecha: «¿Alguna vez te han leído el tarot?». Esto establece una dinámica importante: que la lectura es sobre el cliente, no sobre mí. Y también me permite ajustar el discurso a su nivel de familiaridad.

Instrucciones

1 | Cada una de las siguientes preguntas se refiere a algo sobre lo que tu cliente probablemente sienta curiosidad. Anota sus respuestas a cada una de ellas y trata de condensarlas en una sola frase. No te llevará más de un minuto. Redacta las respuestas en las páginas siguientes o, si lo prefieres, crea un registro digital que puedas consultar y actualizar en el futuro.

- **¿Quién soy?** En una o dos frases, ¿qué necesita saber el cliente sobre ti? Puede que quieras compartir cuánto tiempo llevas leyendo y/o por qué lees tarot («Yo ayudo a la gente a resolver problemas y afrontar incertidumbres en su vida», por ejemplo). Ésta también es una buena oportunidad para explicar si o no «vidente» y qué significa en el caso de que el cliente tenga ideas preconcebidas al respecto. (Solo es necesario en situaciones en las que leas para completos desconocidos).
- **¿Qué es el tarot?** Ofrece tu mejor definición breve y sencilla de lo que es el tarot. («El tarot es una forma de expresar en imágenes lo que ocurre en tu vida», por ejemplo).
- **«¿Tienes alguna pregunta?»** ¿Cuánta información quieres del cliente antes de empezar? ¿Quieres preguntas muy concretas? ¿Asuntos que le preocupan? ¿Nada en absoluto?

  Dile al cliente qué es lo que mejor funciona para ti. Si el cliente no está seguro de lo que quiere, puedes ofrecerle algunos ejemplos de preguntas o temas sobre los que otros hayan leído.
- **¿Destino? ¿O libre albedrío?** Explica brevemente al cliente cómo utilizas el tarot para tratar el futuro. («Creo que todos elegimos nuestro propio destino, pero el tarot puede mostrar la dirección en la que nos dirigimos actualmente», por ejemplo).
- **Cartas difíciles** Especialmente si un cliente es nuevo en el tarot o está nervioso, es una buena idea hablarle por adelantado sobre cualquier carta que pueda asustarle, como la muerte, el diablo o el 10 de espadas. ¿Qué le dirás?
- **Procedimientos** Si tienes alguna expectativa con respecto a tu cliente, ¿cuál es? (¿Puede tocar las cartas? ¿Puede barajarlas contigo? ¿La lectura es una conversación o un monólogo? ¿Deben avisarte si algo no tiene sentido)?

2 | Practica tu discurso con un amigo (o díselo al espejo o a tu gato) hasta que puedas pronunciarlo en un par de minutos (opcional).

- ¿Quién soy?_____

_____

- ¿Qué es el tarot? _____

_____

• ¿Tiene alguna pregunta? _____

_____

• ¿Destino? ¿O libre albedrío? _____

_____

• Cartas fuertes: _____

_____

• Procedimientos: _____

_____

_____

_____

_____

_____

_____

Tarea final
Rituales de apertura y cierre

El ritual es una señal para tu yo espiritual sobre cuándo estás abierto o cerrado a los negocios. Seamos razonables: no es necesario que te pongas una túnica y una máscara de plumas, ni que lleves un sonajero o sacrifiques a un animal. Si prefieres la sencillez, puedes encender una vela y apagarla después. Algunas personas necesitan algo más para entrar en el estado mental adecuado; puedes utilizar incienso, iluminación, cristales, perfumes, tapetes para la tirada... lo que hayas anotado en tu lista de equipaje.

EL MAGO

Aún más importante que los adornos del ritual son las intenciones que lo acompañan. Como las palabras son portadoras de intenciones, te recomiendo que te inventes algo que decir al principio y al final de la sesión: unas palabras iniciales y finales que transmitan tu intención. Ni siquiera tienes que creer lo que dices con todo tu corazón en el momento en que lo dices; el hecho de decir las palabras cuenta: inscribe tu intención en la atmósfera que te rodea y te declara una criatura de voluntad.

Rituales de apertura

Éstos son los elementos que suelen formar parte de un ritual de apertura.

Desterrar

Quizás estés pensando: «¿Por qué (y qué?) tengo que "desterrar" antes de sentarme a leer?».

La teoría es que quieres empezar en un espacio espiritualmente limpio y protegido antes de salir de la realidad normal. Puedes pensar que la habitación en la que estás está limpia y libre de influencias espirituales, pero si esta mañana has discutido con tu pareja ahí dentro, o si has escrito un tuit enfadado... no es así. No es así. Al «desterrar», afirmas que el espacio está libre de influencias negativas, y luego haces tu lectura.

Los magos de la tradición de la Aurora Dorada harán un ritual de destierro menor del pentagrama, que puedes encontrar en cualquier sitio. Los de las tradiciones Wicca y neopagana suelen llamar a los cuartos. Todos estos conjuntos de rituales tienen algo en común:

básicamente se invoca a cada una de las cuatro direcciones (a veces caracterizadas como guardianes, atalayas, elementos o ángeles) en busca de poder y protección. Es lo mismo que formar un círculo.

Autocapacitación

A menudo, inmediatamente después del destierro / llamamiento de cuartos (o integrado en él), hay una declaración del propio poder del mago y de su lugar central. En el Ritual de destierro menor del pentagrama, es la cruz cabalística. Tras establecer un círculo invocando sus cuatro puntos cardinales, te sitúas en el punto del centro. Puedes añadir referencias arriba y abajo, o encima y debajo, como en la tabla de esmeralda de Hermes Trismegisto. Es una forma de decir: «Aquí estoy. Soy un microcosmos del Universo, completo en mí mismo. Porque sé dónde y qué soy, soy capaz de hacer un acto mágico o recibir información especial».

Invocación

Una vez despejado el espacio y establecida la protección en todos los lados, puedes llamar a tus ayudantes, dioses y guías de la forma que desees. Puedes utilizar himnos de alabanza; puedes leer poesía propia o de otros; puedes cantar o hablar extemporáneamente. Puedes visualizar luz blanca e inhalar incienso.

Despedida (qué hacer al terminar)

Cuando terminas, sales de ese espacio, no físicamente, sino mental, emocional y espiritualmente. Tal vez soples una vela y digas: «El trabajo está hecho». Quizá despidas a tus guías y espíritus. Es posible que guardes las cartas y los cristales de una forma determinada o hagas alguna otra cosa para marcar el final de la sesión. Por ejemplo, cuando hago trabajo con antepasados, digo: «Partid en paz, y que nos conozcamos a distancia». Quiero que me cuiden, pero no que me respiren en la nuca. Cuando hago lecturas, personalmente utilizo el árbol de la vida, que es el diagrama cabalístico de las diez sefirot. Subo por el árbol de la vida antes de empezar, y bajo por el árbol de la vida cuando vuelvo.

El descarte, por sencillo que sea, es crucial. ¿Sabes cuál es una buena manera de averiguar por ti mismo si el tarot es «real», si todavía te sientes escéptico a estas alturas de tus estudios? Intenta hacer lecturas durante tres horas seguidas una tarde. Cuando termines, sáltate la despedida y comprueba cómo te sientes. No te gustará. Sólo querrás irte a la cama o te sentarás mirando al vacío y acariciando al gato. Estarás más cansado de lo que habitual después de una tarde hablando con la gente. Eso es un efecto secundario de haberte abierto más de lo normal; cuando lees el tarot, estás permitiendo que muchísimas cosas de otras personas fluyan a través de ti.

Instrucciones

1 | Escribe y memoriza tu propio cuarto de llamada o rito de destierro. Se trata de un método para situarse dentro de las cuatro direcciones (este, sur, oeste, norte) y entre el cielo y la tierra. Es una forma de decir «estoy aquí y estoy conectado con el mundo que me rodea». Es una manera de invocar a tus guías para que te protejan mientras trabajas y para que eliminen cualquier influencia no deseada. Puede ser tan complejo como el ritual de destierro menor del pentagrama de la Aurora Dorada, o tan sencillo como encender una vela y saludar a cada una de las direcciones. Lo ideal es que incluya elementos de destierro, fortalecimiento personal e invocación. Aquí tienes algunos recursos que puedes consultar:

- Tarea 2.3: 4 palos del pasado: elementos
- Tarea 4.4: ¿A quién vas a llamar?
- Capítulo 8 de *Six Ways: Approaches & Entries for Practical Magic*, de Aidan Wachter16.[5]

_____

_____

_____

_____

_____

_____

_____

5. Los recursos en línea para esto abundan y cambian constantemente. Dos buenas fuentes en el momento de escribir este libro son: www.witchipedia.com/book-of-shadows/spells/calling-quarters y www.egreenway.com/bandas8/envoke1.htm

2 | Escribe y memoriza tu propio ritual de despedida, para realizarlo después de sacar tus cartas o hacer tu magia. (Puedes escribirlo a continuación o, si lo prefieres, crear un archivo digital que puedas consultar y actualizar en el futuro). Cuando termines con el trabajo espiritual, es importante que indiques que estás aterrizando y volviendo a la realidad ordinaria. Esto puede ser tan elaborado como caminar hacia atrás alrededor de tu círculo, despidiendo cada dirección, o tan simple como apagar una vela. Puedes desterrar con una carcajada, hacer sonar una campana, aplaudir, comer algo o tocar literalmente el suelo con la mano. (Yo desciendo mentalmente por el árbol de la vida).

_____

_____

_____

_____

_____

_____

_____

_____

_____

Capítulo 8
TAROT MÁGICO

Amigo, eres increíble. Has llegado al capítulo final de este libro. ¡Enhorabuena! Si has llegado hasta aquí, es que has trabajado mucho y has recorrido un largo camino en tu práctica del tarot, y te felicito: has demostrado mucho más compromiso y dedicación que yo en mi primer año de aprendizaje del tarot. Espero que el tarot te esté aportando la plenitud y el encanto que esperabas, y te prometo que eso sólo crecerá si sigues con la práctica.

Puede que el capítulo 8 sea el final del trabajo que has hecho con este libro, pero es sólo el principio de una gran aventura.

En nuestro trabajo hasta este punto, has aprendido a hacer lo que hacen los lectores de tarot: utilizar las cartas para obtener información; eso es adivinación. Ahora es el momento de actuar sobre ella; eso es magia. Una vez que hablas el lenguaje del tarot, puedes usarlo no sólo para mantener conversaciones y enterarte de las noticias: ahora puedes rebatirlas. Puedes persuadir, negociar y obligar. En este capítulo, analizaremos varios hechizos poderosos para ayudarte a hacer precisamente eso.

En el capítulo 7 (y en mi libro *Tarot Correspondences*), introduje la idea de «ir entre bastidores».

Hemos contrastado la mentalidad del mundo ordinario con la mentalidad en la que estamos cuando leemos el tarot, y hemos conjeturado que estar en la mentalidad del tarot es como visitar los «bastidores de la realidad». En la adivinación, damos un paso detrás del telón de la realidad y obtenemos información, especial a la que normalmente no tenemos acceso.

La magia, por el contrario, es el acto de ir entre bastidores y cambiar las cosas. Cuando cambiamos las cosas entre bastidores, ya sea la iluminación, el telón de fondo o el vestuario de los actores, afectamos a lo que ocurre delante del telón, es decir, a la realidad tal y como la percibimos.

La teoría mágica varía con cada practicante (y hasta cierto punto creo que *tiene* que ser subjetiva, ya que la experiencia mágica de cada persona es única). Pero una de mis creencias es que, en realidad, practicamos magia ambiental de bajo nivel todo el tiempo, aunque quizá algunos lo hagamos con más intención y deliberación que otros.

Cada vez que te mentalizas para hacer algo es un acto de magia. Cada vez que te dices a ti mismo que no eres lo bastante bueno para hacer algo es un acto de magia. Cuando te maquillas o te echas colonia y te propones seducir a alguien, cuando revisas tres veces la carta de presentación de esa solicitud de trabajo y la envías el jueves a las 8 de la mañana porque has oído que es cuando tu posible jefe lee el correo electrónico, cuando animas a tu equipo de hockey favorito, cuando rezas a tu Dios para que cure a un familiar enfermo... todo ello es magia.

Quizá pienses: «Entonces parece que la magia es sólo psicología, o quizá religión». Y mi respuesta es que depende de lo que entiendas por psicología o religión. No nos preocupemos por eso ahora. Vamos a suponer que eres capaz de cambiar mucho más en tu vida de lo que crees actualmente. Y aunque podríamos argumentar que cualquier tipo de cambio que afectes intencionadamente en el mundo tiene un elemento de magia, hay una diferencia cuando trabajas dentro de uno de los sistemas mágicos tradicionales. En estos sistemas, trabajamos con símbolos y metáforas concretas en lugar de esperar que todo el trabajo tenga lugar en nuestras cabezas. De hecho, creo que eso aporta cierta humildad a la magia. Dice: ¡«No tengo por qué hacerlo todo yo solo!».

El sistema de símbolos por excelencia, quizás, sea el lenguaje, y todo este tiempo hemos estado hablando del tarot como un lenguaje *en el* que puedes *mejorar*. Llegados a este punto, has ido más allá de «¿Hablas inglés?» y «¿A qué hora sale el tren?». Es hora de aprender esas habilidades lingüísticas de orden superior: ¡negociar tratos! ¡Flirtear! Atención al cliente. En la vida, conseguimos lo que queremos diciendo las palabras adecuadas en el momento correcto a la persona adecuada, y el tarot es así. Ahora que hablas tarot, puedes tomar las decisiones. Tú tomas las decisiones y haces que las cosas sucedan en tu vida. Como todos los sistemas de símbolos, el lenguaje del tarot interactúa con la realidad de manera sutil, profunda, y acabará cambiando tu vida.[1]

Resultados, diferencias, ofertas

«Dentro de los resultados existen diferencias. Las diferencias son ofrendas. Y las ofrendas son resultados».

Una mañana de verano de 2018, me desperté con estas frases enigmáticas resonando en mi cerebro mientras me sumergía en las orillas poco profundas de la conciencia. Eran tan extrañas y llamativas que, mientras volvía a la consciencia, me quedé inmóvil durante un minuto para intentar capturarlas y traerlas de nuevo al mundo de la vigilia. Al principio me quedé perpleja. «¿Qué significaba aquello?». Pero cuanto más pensaba en ello, más me parecía que esas tres frases eran un comentario sobre la relación entre la adivinación y la magia. Así es como lo percibí.

---

1. En mi libro *Tarot Correspondences: Ancient secrets for every day readers*, también hay una sección bastante extensa sobre la magia del tarot. Una pequeña parte del material de este módulo se solapa con eso, y puede resultarte útil tener el libro a mano como referencia, especialmente para el hechizo del Árbol de la Vida. Puedes encontrar todas las correspondencias *online* en lugar de comprar mi libro, el cual está disponible y te ahorrará algunos problemas, si te resulta útil.

Dentro de los resultados existen diferencias

«Resultados» = las cartas que sacas en una lectura de tarot. Has hecho una pregunta, has barajado, has sacado, has obtenido unos resultados y ahora los estás interpretando. Pero hay innumerables significados diferentes dentro de cada carta: ésas son las «diferencias». Depende de cada uno de nosotros cribar entre esos infinitos significados posibles a la caza de la interpretación correcta.

Las diferencias son las ofertas

Al considerar esos muchos significados o «diferencias», soy consciente de que algunos de ellos son significados que me gustaría que tuviera la carta. Y algunos de ellos son significados que preferiría que la carta no tuviera. Cuando hago magia con el tarot, puedo elegir qué significados me gustaría que tuvieran tracción y significado en mi vida, ésa es mi ofrenda.

Por ejemplo, algunos de los significados del 5 de bastos podrían ser: conflicto, lucha, debate, deportes, competiciones… Todos estos posibles significados son las diferencias de la carta. Yo las considero diferencias, y digo: «¿Sabes qué? Hoy me gustaría que el 5 de bastos significara competencia».

Es noche de juegos y me apetece una dosis de competencia sana, y no quiero que el 5 de bastos signifique lucha, porque no me interesa lidiar con dramas interpersonales. Quiero que esto se manifieste de forma positiva; un espíritu de competencia sana. Mi interpretación = mi ofrecimiento.

Las ofertas son resultados

Esta declaración cierra el bucle. Antes, «resultados» eran las cartas que sacaba. Ahora, «resultados» significa la realidad que estoy viviendo. Significa que mis ofrecimientos (mi interpretación de lo que significan las cartas) son ahora lo mismo que mi realidad vivida. En otras palabras, he analizado las circunstancias que me trajo el azar (las cartas que eché) y mis propias intenciones (la forma en que interpreto las cartas) y he difuminado la diferencia entre ellas. Ahora mis intenciones se funden con las fuerzas del destino. Otra forma de decirlo: aunque no tengo control sobre el destino, puedo esperar que mis pensamientos y acciones estén más en consonancia con lo que está por venir. Ésa es mi teoría: cada acto de interpretación implica este ciclo. Es un bucle de retroalimentación entre la realidad y la intención mágica.

Hay dos formas de definir el verbo «significar»: significar (es decir, «¿Qué significa este símbolo?») o pretender (es decir, «¿Qué pretendes hacer?»). Al interpretar las cartas, decidimos lo que significan: trabajamos con la primera definición. Al actuar mágicamente, pretendemos crear un efecto: eso es trabajar con la segunda definición. Cada uno de los ejercicios de este capítulo te anima a trabajar con intención mágica: no sólo a interpretar, como hasta ahora, sino también a *actuar*.

Capítulo 8: tareas: visión general

Los ejercicios que siguen son más sugerencias que tareas. Tómate tu tiempo, hazlo lo mejor que puedas, hazlo especial, porque, como ocurre con toda la magia, lo que obtienes de ella es proporcional a lo que inviertes en ella.

Las tres primeras tareas son hechizos. La palabra «hechizo» procede del latín *facticlus*.

Con estas tres tareas, crearás actos de habla breves pero contundentes destinados a moldear la realidad que te rodea de una forma que te resulte más agradable.

La cuarta tarea también es un hechizo, pero uno especial, destinado a *desdoblar* la realidad; es decir, a liberarse de los efectos acumulados de toda una vida de magia ambiental involuntaria.

La penúltima y la última tarea pueden incluir hechizos, pero se describen más apropiadamente como operaciones mágicas que tú mismo compondrás, ejecutarás y de las que te beneficiarás. Se trata de actos creativos que empiezan con el tarot, pero que no terminan ahí: puedes esperar que sus efectos se extiendan de manera sutil en tu vida de formas que tú mismo verás y apreciarás (con independencia de si alguien más lo hace o no).

Se trata de ejercicios relativamente libres, y no hemos incluido líneas en blanco para que las rellenes. Puedes documentar tus esfuerzos mágicos como quieras: en tu portátil, en un diario, en las páginas en blanco al final de este libro. Pero deberías llevar algún tipo de registro; es una señal para tu yo mágico de que lo que haces importa y merece la pena conservarlo en el libro que es tu vida. Dentro de diez años, cuando mires atrás, querrás ser capaz de ver el significado, la belleza y la importancia de la inversión que has hecho. Si lo haces, te garantizo que podrás decir, en retrospectiva: «Esto me cambió la vida».

Tarea 8.1
El conjuro de la carta del día

Ahora que hablas el idioma del tarot con fluidez, ¡es hora de usar tu nuevo lenguaje para hacer magia! Así es, es hora de actuar de manera que cambies los resultados futuros. ¡Es hora de alterar sutilmente la forma de la realidad!

El conjuro de la carta del día, que introduje en el grupo de Facebook Fortune's Wheelhouse Academy («Academia de la Rueda de la Fortuna») en 2018, se ha convertido en una práctica fundamental para muchos lectores. Es muy simple, pero al mismo tiempo poderoso. Y todo eso es, básicamente, un pequeño poema basado en tu tirada de cartas. Sacar una carta se parece mucho a la vida. Hay determinados aspectos que no puedes controlar, como, por ejemplo, la carta que sacas es aleatoria, y si eres un verdadero tarotista la aceptas sea cual sea, pero también hay otros aspectos que sí puedes controlar: lo que significa la carta depende de ti. Las cartas te hablan, pero el conjuro te permite responder. Las cartas dicen: «Así están las cosas». El conjuro afirma: «Me gustaría negociar». Y siempre se puede negociar. El término «conjuro» está relacionado con la palabra *iurāre* («jurar»): tiene que ver con hablar. De todos los significados que tu carta podría representar, vas a elegir el que más te apetezca, aquel que te gustaría traer a tu día, y vas a hablar para que exista.

Como banco de palabras, puedes utilizar las palabras clave que hayas desarrollado, o las correspondencias que busques.

Puede rimar o no. El conjuro puede ser de una o dos líneas, o de más si te apetece. Los pareados funcionan. El haiku también. No obstante, te recomiendo que tu conjuro sea breve para que puedas memorizarlo. Así, en distintos momentos del día, podrás consultarlo sin tener que buscarlo. Cuando las cosas no vayan como querías, puedes debilitar el conjuro si es necesario. O puedes recitarlo con énfasis, en un esfuerzo por cambiar la trayectoria del día. Puedes hacer lo que quieras con el conjuro. Es tu creación. Y luego, al final del día, puedes ver cómo ha funcionado.

Incluso los días en que salga la torre, o el 10 de espadas, o ambos (como me ha ocurrido a mí), puedes elegir qué hacer con ellos. Un símbolo adquiere su poder de la percepción, y la percepción está impulsada por la intención, y tu intención te pertenece a ti y sólo a ti. Escribe un conjuro por la mañana y te servirá de brújula, escudo y mapa durante todo el día. Si las cosas empiezan a torcerse, puedes recitar el conjuro (incluso puedes modificarlo) y ver si las cosas mejoran.

Instrucciones

¿Cómo crear este poderoso talismán?

1 | Elige un formato. Puedes hacer pareados, haiku, rimados, sin rima, proverbios, lemas…

En realidad no importa, siempre que sea suficientemente largo como para evocar una imagen y lo bastante corto como para recordarlo. A mí me gustan los conjuros de dos líneas.

2 | Escríbelo en presente. Como con toda la magia, es mejor expresar tu intención en presente que en futuro, para que el resultado sea más real. (Si digo «plantaré un jardín», eso significa que la plantación del jardín tendrá lugar en el futuro, no ahora… y al final del día, lo que significa que seguirá siendo cierto). Incluso hay quien sostiene que tus escritos mágicos deberían redactarse en pasado, como si ya se hubieran realizado.

3 | Mantenlo focalizado. Si utilizas ideas abstractas (manifestación, transformación, equilibrio), obtendrás un conjuro bastante impreciso. Nuestro yo mágico trabaja con metáforas. He descubierto que los conjuros muy concretos que apelan a los sentidos funcionan bien. Están abiertos a la interpretación y son difíciles de olvidar.

Lo más probable es que haya símbolos en la carta que puedas utilizar como bloques de construcción. Pero puedes utilizar las *tarot correspondences*, es decir los elementos, la astrología, los números, la cábala, música, piedras preciosas, lo que quieras, para encontrar las palabras clave.

Por ejemplo, la emperatriz se asocia con la tierra, Venus, las rosas, las abejas, los gorriones, el cobre, el verde, el rosa, los cisnes, los tréboles, la noche, la vainilla, las fresas, el sándalo, las rosas, el número tres y las puertas. Así que si tuviera que dibujar tu carta, podría escribir algo como:

El gorrión vuela a través de las puertas de la noche.
Suave aleteo y seguro su vuelo.

Ahora llevas esta imagen de facilidad y dulzura en tu mente, lista para derramar su gracia en tu trabajo, tu vida amorosa y cualquier otro viaje mental o corporal que emprendas hoy.

Aunque te toque una carta mucho más difícil que la emperatriz, por ejemplo, el 10 de espadas, todavía estás a tiempo de decirle al destino cómo quieres que aparezca en tu vida. A continuación un conjuro que escribí para el 10 de espadas hace algún tiempo:

De los Gemelos son los últimos días,
una historia empieza y termina.

Igual de buenas, o incluso mejores, son tus correspondencias personales. Si notas que los días que has sacado el 8 de copas sueñas a menudo con el océano, utilízalo. Si adviertes que los días que has sacado el 7 de copas parece que siempre estás mirando cuadros, úsalo. De este modo, con el tiempo, entrelazarás lo que ofreces a la carta y lo que la carta te ofrece a ti hasta que sean indistinguibles. Estarás *viviendo el poema.*

Aquí hay espacio para algunas muestras:

• Carta que he sacado:_____

• Conjuro: _____

_____

_____

• Carta que he sacado:_____

• Conjuro: _____

_____

_____

• Carta que he sacado:_____

• Conjuro: _____

_____

_____

Tarea 8.2
Conjuro de la aventura hazlo tú mismo

Este conjuro es una práctica increíblemente poderosa, cuya práctica no es cotidiana como la carta del día. Es una lectura especializada para llevarte de donde estás adonde quieres estar.

Ahora que hablas tarot con fluidez, vas a elegir deliberadamente una carta que describa de manera elocuente tu situación actual, en particular cualquier faceta que no te satisfaga. Ésa es la carta A. Luego vas a elegir de manera deliberada una carta que describa con elocuencia dónde te gustaría estar. Una vez que te hayas decidido por estas dos cartas (estos agentes de tu presente y tu futuro) vas a barajarlas de nuevo en la baraja, las encontrarás de nuevo y elegirás al azar entre las cartas que hay entre ellas para hacer un puente de la carta A a la carta B.

La cuestión es que no sabes dónde van a acabar la carta A y la carta B. Puede que acaben una al lado de la otra o que estén separadas por 76 cartas. Eso tiene un significado simbólico. Si acaban muy separadas, tal vez tengas un poco de camino por delante antes de alcanzar tu objetivo. Si terminan codo con codo, tal vez estés cerca.

En cualquier caso, vas a idear un atajo mágico eligiendo unas cuantas cartas del montón que hay entre los dos puntos. Éstas te mostrarán las señales de tu viaje, los cambios que debes hacer o las cosas que debes conseguir. Piensa en ellas como el tipo de instrucciones que recibe el héroe de un cuento de hadas al principio de su aventura: «Cuando llegues al cruce, te encontrarás con un ciervo mágico que te pedirá un puñado de sal. A cambio, te dará una de sus astas. No pierdas la cornamenta».

El conjuro de la aventura hazlo tú mismo te da un poder impresionante para dirigirte hacia lo que sea que desees en esta vida. *Úsalo sabiamente*, ¿de acuerdo?

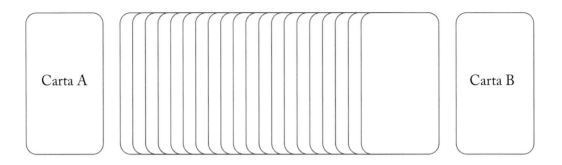

Instrucciones

Éste es el procedimiento básico:

1 | Elige una carta que represente dónde estás (carta A) y dónde quieres estar (carta B). Así es, elígelos *a conciencia*.

2 | Luego, baraja esas dos cartas de nuevo en el mazo. Baraja muy bien para que no tengas ni idea de si la carta A y la carta B van a acabar una al lado de la otra, separadas por 76 cartas o en algún punto intermedio.

3 | Una vez que hayas terminado de barajar, coloca las cartas boca arriba, manteniendo la baraja en orden, y busca las dos cartas que elegiste. Recoge todas las cartas que estén entre la carta A y la carta B, y forma un montón ordenado; colócalo boca abajo. (Puedes apartar las cartas «exteriores», es decir, las que no están entre A y B. No las necesitarás).

4 | ¡Hora de encontrar tus pasos! Coloca las cartas A y B boca arriba. Entre ellas, coloca las que había entre ellas boca abajo formando una línea. Distribuye estas cartas. Vas a elegir un número finito y manejable de pasos para ir de la carta A a la carta B. A mí me parece que tres pasos suelen funcionar bastante bien, aunque puedes hacer más o menos dependiendo de lo que creas que puedes manejar. Una vez que lo hayas decidido, roba al azar esas cartas de la línea de cartas boca abajo.

5 | ¡Lee tu aventura! Acabas de diseñar un programa paso a paso para ir de la carta A a la carta B. ¡Sigue los pasos y verás lo que ocurre!

A modo de ejemplo, aquí tienes algunas cartas hipotéticas que podrías utilizar para las cartas A y B. ¡Pero te animo a que inventes las tuyas propias!

Situación actual	Carta A		Situación futura ideal	Carta B
Estancamiento	8 de espadas	→	Libertad	El sol
Tristeza	3 de espadas	→	Alegría	9 de pentáculos
Conflicto	5 de bastos	→	Paz	4 de espadas
Adicción	El diablo	→	Liberación	La estrella
Pobreza	5 de pentáculos	→	Riqueza	10 de pentáculos

Situación actual	Carta A		Situación futura ideal	Carta B
		→		

_____

_____

_____

_____

_____

_____

_____

_____

Tarea 8.3
El conjuro del árbol de la vida

El árbol de la vida es la estructura conceptual fundamental de la cábala, una forma de misticismo judío relacionado con la creación del mundo. Este hechizo utiliza las correspondencias de la Aurora Dorada con el árbol de la vida como una especie de andamiaje.

Si no estás familiarizado con la cábala, todo lo que necesitas saber para este ejercicio es que hay diez *sefirot* (esferas o círculos que representan etapas en la creación), que corresponden a los números del as al 10 en los arcanos menores. Puedes utilizar las palabras clave del as al 10 que desarrollaste en el capítulo 3 para hacerte una idea de lo que representa cada una de esas etapas. También hay veintidós caminos entre esos *sefirot*, que corresponden a los veintidós arcanos mayores.

Como la sociedad la Aurora Dorada estaba fascinada con el árbol de la vida, cada carta de la baraja tiene un lugar en esta estructura (las cartas de la corte también), pero vamos a ocuparnos sólo de los arcanos menores numéricos y de los arcanos mayores. Vas a elegir dos cartas de los arcanos menores numéricos con números diferentes para representar dónde estás y dónde quieres estar. Luego vas a determinar el camino/arcano mayor que corre entre ellos, y vas a escribir un hechizo basado en eso.

Te darás cuenta de que algunos números no conectan directamente con otros. Por ejemplo, si quieres saltar del as al 10, tendrías que ir del as al 6 (el camino de la sacerdotisa), del 6 al 9 (templanza), y del 9 al 10 (mundo). Del 2 al 5, tendrías que ir del 2 al 3 (emperatriz), y del 3 al 5 (carro), o del 2 al 4 y al 5. Al igual que en la vida, algunos lugares son más difíciles de acceder que otros desde donde tú estás. Pero eso no significa que no puedas hacerlo.

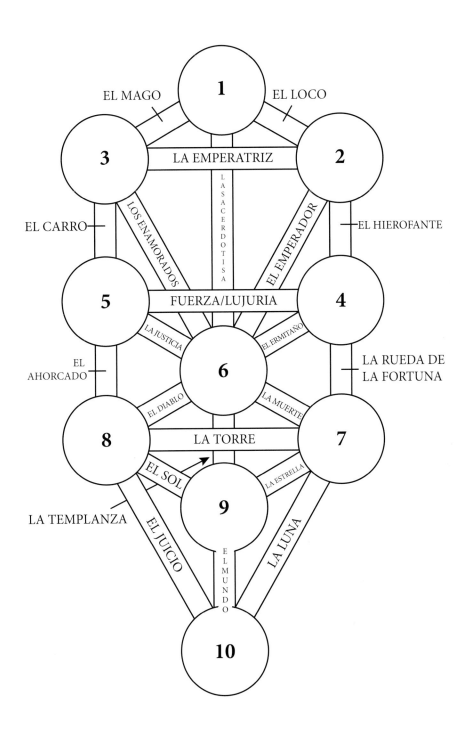

Instrucciones

1 | Elige dos cartas de arcanos menores que, juntas, representen un cambio que te gustaría hacer en ti mismo. Asegúrate de elegir cartas que tengan números diferentes. Por ejemplo, supongamos que quiero dejar de estar tan distraído todo el tiempo y poder concentrarme mejor. Podrías usar el 7 de espadas y el 8 de pentáculos para representar «distracción» y «concentración».

    • Cartas que he elegido:

        1._____

        2._____

2 | Localiza los números correspondientes (en este caso, el número 7 y el número 8) en el diagrama. ¿Qué arcano mayor se encuentra entre ellos? Saca este mayor y colócalo entre el 7 de espadas y el 8 de pentáculos. Si has elegido dos cartas que no se conectan por un solo camino, puede que necesites usar más cartas, ¡como si cambiaras de autobús!

    • Carta(s) adicional(es):_____

3 | Observa las tres (o más) cartas e idea un conjuro que capte el cambio que quieres hacer, utilizando la mayor como llave para desbloquear ese cambio.
    Por ejemplo:

Demonios de la distracción, ¡caed!
El aire está despejado. El trabajo todo lo es.

_____

_____

_____

Tarea 8.4
El conjuro del destino que no se teje

Para este ejercicio, voy a presentarte la idea de la metáfora paralógica.

¡Quédate aquí conmigo!

Ya lo sabes todo sobre las metáforas, ¿verdad? Empleamos las metáforas cuando utilizamos una palabra o frase para referirnos a algo distinto de su significado literal. Si digo: «Hoy el supermercado era un zoo», ya sabes que no me refiero a que hubiera chimpancés paseándose por el pasillo siete. Lo que quiero decir es que había mucho movimiento, que el caos reinaba y que es posible que algunas personas se comportaran como animales.

Pero ¿y si digo «La tienda de comestibles era un arrecife de coral hoy»? ¿U «Hoy el supermercado era un saxo barítono»? ¿Qué significa eso? No tengo ni idea. ¿Y si digo «El martillo es la cazuela de la caja de herramientas»? Miradas en blanco. Son *metáforas paralógicas*, también conocidas como *metáforas absolutas* o *antimetáforas*. Desafían al sentido común. Son abiertas e indescifrables.

Desafían nuestras suposiciones, nuestra relación con la creación del sentido y la realidad. Y eso las convierte en una poderosa herramienta mágica.

En el *Libro de Taliesin*, que data del siglo VI a. C., hay un párrafo famoso.

Dice así:

He sido un salmón azul.

He sido un perro, un ciervo y un corzo en la montaña.

Un cepo, una pala, un hacha en la mano.

Un semental, un toro, un macho.

Me cosecharon y me metieron en un horno.

Me caí al suelo cuando me estaban asando

y una gallina me tragó.

Durante nueve noches estuve en su cultivo.

He estado muerto, he estado vivo.

Soy Taliesin.[2]

---

2. Gwyneth Lewis y Rowan Williams (trad.), *The Book of Taliesin: Poems of Warfare and Praise in an Enchanted Gran Bretaña* .Nueva York: Penguin Classics, 2020.

Podría ser un relato literal de las transformaciones mágicas sufridas por el legendario Taliesin, la historia de un ser humano que adopta nuevas formas. O tal vez una forma de decir que la naturaleza del poeta es proteica e infinita. Suena como un alarde, un grito de guerra, un conjuro. Sea lo que sea, es *poderoso*.

Y en este ejercicio, vamos a hacer lo que hizo Taliesin.

Instrucciones

1 | Baraja y saca una carta al azar. Antes de darle la vuelta, cierra los ojos y respira profundamente un instante. Olvídate de quién eres o de quién se espera que seas.

2 | Dale la vuelta a la carta y declara: «Yo soy [el nombre de la carta]».

3 | Empieza a buscar rasgos notables en la carta, luego continúa: «Yo soy la X». «Yo soy la Y». «Yo soy la Z». Hazlo al menos media docena de veces. Tampoco tienes que limitarte a lo que ves. Imagina que la carta es tridimensional y está en movimiento, y que te has metido en ella. Puedes utilizar todos tus sentidos.

4 | Concluye declarando una vez más: «Yo soy [el nombre de la carta]».

Ejemplo:

Soy el 5 de bastos.

Soy el amplio cielo azul.

Yo soy el terreno abrupto.

Soy la hoja que brota del bosque vivo.

Soy el zapato marrón que no combina.

Yo soy el puño que agarra y golpea.

Soy el sabor del sudor.

Yo soy el concurso y yo soy el baile.

Soy el golpe furioso de tu mirada.

Soy el 5 de bastos.

Puedes hacerlo por escrito o simplemente en voz alta. Puedes hacerlo varias veces con la misma carta o sólo una vez con varias cartas. Puedes hacerlo con tu carta del día. Puedes hacerlo con la portada de una revista, con tu cuadro favorito o con el paisaje que recorres de camino al buzón.

A diferencia de todos los demás ejercicios de este libro, éste no trata de construir significados, sino de *desenredar viejas redes de significados* para que puedas crear otras nuevas. Si, al final, no te sientes más sabio que al principio, si, de hecho, tu cabeza se siente extraña, casi de manera liberalizadora, vacía, entonces lo has hecho bien. ¡Sé como Taliesin! ¡Deja de darle sentido!

_____

_____

_____

_____

_____

_____

_____

_____

_____

_____

_____

_____

_____

_____

_____

_____

Tarea 8.5
Magia empática y apotropaica

En la tarea final del capítulo 4, «Recorrer el camino», sacaste una carta y encontraste la forma de representar la imagen. Aunque en aquel momento no le dimos mucha importancia, *en realidad se trataba de magia*. En lugar de limitarte a observar lo que ocurría con tu carta a lo largo del día, encontraste la forma de expresar su naturaleza de forma proactiva.

Vamos a dar un paso más en este ejercicio. Cuando vamos más allá de la simple lectura del tarot, cuando empezamos a vivir y respirar el tarot, estamos participando en actos de cocreación. Es muy parecido a lo que ocurre cuando soñamos: creamos y destruimos un mundo mientras vivimos en él.

Todo lo que hacemos tiene un significado; todo lo que hacemos es un símbolo de algo más.

¿Alguna vez has pasado por algo enorme, algo mítico en tu vida (te enamoraste, rompiste con alguien, lanzaste el pase ganador en el gran partido, tu meme se hizo viral) y de alguna manera todo en tu vida real exterior parecía converger? Entraste en una tienda y oíste una canción que parecía referirse directamente a ti; viste un anuncio en el metro y utilizaba las *mismas palabras que acababas de decir* en el gran momento, etc. Mis amigos junguianos podrían decir que en ese momento estabas «constelando un arquetipo», es decir, conectando con algo mucho más grande que tú y expresándolo o encarnándolo. Mis amigos del vudú dirían que estabas siendo «atravesado por el espíritu».

Cuando trabajamos con el tarot, cortejamos estas sincronicidades. Siempre en busca de un significado añadido, nos convertimos en los héroes de nuestras propias vidas. Y cuando no nos suceden explícitamente, cuando el destino parece habernos olvidado, cuando la Providencia no nos provee, *hacemos que sucedan*. Ése es el principio de la magia empática.

En este ejercicio, vas a practicar una forma de magia empática conocida como *magia apotropaica*. Es la magia de «apartar» o «alejar». Te sugiero que utilices una carta con la que te sientas algo incómodo. Algunas candidatas obvias son el 10 de espadas, la torre, o el 5 de pentáculos, pero puede haber otras que te pongan nervioso. Tal vez la sota de espadas te haga sentir inquieto, o el 4 de copas te provoque náuseas e insatisfacción.

Puede que sea tu carta del día o que hayas decidido trabajar con ella de manera deliberada. Da igual. Sea lo que sea, este ejercicio te pone en el asiento del conductor. Nunca tienes que dejar que una carta simplemente te suceda. Porque tú, amigo mío, ¡eres un cocreador del universo! ¡Vive el poema!

Instrucciones

1 | Elige una carta que te transmita inquietud, que te haga estremecer o te saque una mueca de desagrado cuando la recibas.

2 | Observa atentamente las imágenes. ¿Qué símbolos ves? ¿Qué análogos tienen en la vida cotidiana? Las copas son fáciles, ya que hay cuencos, tazas y vasos por todas partes. Los bastos mágicos pueden ser cualquier cosa parecida a un palo o de madera, desde ramas de árbol hasta baquetas, palillos o rodillos. Las espadas pueden ser cualquier cosa afilada. Los pentáculos pueden ser cualquier cosa redonda.

Presta especial atención al número, ya que al tarot le gusta contar.

3 | Diseña una acción en torno a la imagen. Sé creativo. ¡Diviértete! Algunas acciones apotropaicas que he emprendido:

   • Comprar diez agujas u observar la costumbre japonesa de Hari-Kuy (enterrar las agujas usadas) para el 10 de espadas.
   • Cascar un huevo para tortillas para la torre.
   • Fijar una cerradura en la puerta principal para el 5 de pentáculos.

4 | Realizar la acción. Afirma: «¡Se han cumplido los requisitos!».

5 | Redacta tus resultados en uno o dos párrafos.

6 | Ríete, respira hondo y sigue con tu día sabiendo que la carta ha cumplido con su cometido.

_____

_____

_____

_____

_____

_____

_____

_____

_____

Tarea final
Hacer un talismán del tarot

En los últimos años, me he interesado en lo que la tradición ocultista occidental denomina la «magia de imágenes». Suele referirse a la magia de imágenes astrológicas medievales y renacentistas, del tipo propuesto por Heinrich Cornelius Agrippa von Nettesheim y Marsilio Ficino. Pero es posible encontrar la magia de imágenes en muchos otros textos apreciados por los magos; por ejemplo, el *Picatrix* (siglo XI) o los *Papiros mágicos griegos* (siglo I). Se podría argumentar que las pinturas rupestres de Lascaux son magia de imágenes, o que las cabezas gigantes de Rapa Nui (isla de Pascua) son magia de imágenes.

Personalmente, creo que cada vez que se trabaja con imágenes con intención mágica, se está participando en una forma de magia de imágenes. ¿Y qué es el tarot, sino un conjunto de imágenes comprometidas con la intención mágica? Son imágenes que pueden recibir, proyectar, enfocar y transmutar la voluntad de la persona que las utiliza. Puede que no tengas los recursos o la experiencia para hacer un talismán astrológico al estilo renacentista, creado cuando la luna está saliendo en el primer decanato de Cáncer, elaborado con nácar y bañado en jugo de rana.

Sin embargo, sí que puedes crear algo que tenga capas de simbolismo significativo, que se crea de una manera significativa en un momento significativo y se carga con una intención personalmente significativa. Puede resultar difícil aceptar, en un contexto materialista moderno, que algo así pueda funcionar. Pero tal vez, si se acepta la teoría en la que se basa la creación de un talismán, la mejor pregunta sea: *¿por qué no iba a funcionar?*

Como se documenta en mi libro *36 Secrets: A Decanic Journey through the Minor Arcana of the Tarot*, creé mi primer talismán de tarot rudimentario en 2019, cuando mi hija y yo nos dirigíamos al otro lado del mundo para visitar a unos parientes en Singapur y me vino a la mente la idea de hacer etiquetas de equipaje con el 8 de bastos. Si se podía contar con el 8 de bastos para entregar mensajes y paquetes, razoné, ¿no podría también entregar maletas con éxito? Unos días antes del vuelo, durante una hora de mercurio, imprimí algunas cartas, las pegué en cartulina con cinta de embalar, escribí nuestra dirección de vuelta en el reverso y las pegué a nuestras maletas con bridas de cremallera.

Bueno, tengo que decir que nunca había conseguido que mis maletas pasaran tan rápido por un aeropuerto. Tanto al entrar como al salir (y entre medias, cuando tuvimos que pasarlas manualmente por las puertas internacionales), fueron de las primeras en llegar a la cinta.

Los aduaneros apenas las miraban. Era como si tuvieran un guardián invisible que las guiaba con la máxima rapidez y el mínimo alboroto.

Más tarde, adorné el talismán con sellos de Mercurio y los hice imprimir debidamente en plástico indestructible. También mandé hacer llaveros de 8 de bastos, y todo eso lo puedes conseguir en mi tienda Etsy. Pero, y ahora me marco un punto, ¡nada *te impide crear el tuyo propio!* Así que en este ejercicio vas a crear tu propio talismán del tarot. Vas a construirlo *de* una manera significativa, y luego vas a consagrarlo mediante un ritual de tu propia invención.

«¡Pero yo no soy artista!» te oigo rebatir. No pasa nada, yo tampoco. Puedes usar papel de calco. Puedes emplear Photoshop. Puedes utilizar tijeras y pegamento y hacer un *collage*. Puedes usar objetos encontrados.

Por supuesto, si *eres* artista, puedes dedicarte a esta tarea y trabajar con los medios y técnicas que quieras. Eso sí, asegúrate de empezar con imágenes reales del tarot y de tener presente ese material de partida mientras trabajas.

Instrucciones

A mi modo de ver, en la creación de un talismán intervienen cuatro elementos: la intención, que incluye el logos (el intelecto racional, consciente y discriminador) y el eros (la naturaleza conectora, inconsciente y deseante de la psique); las imágenes simbólicas; la materia; y el momento oportuno. Todo ello es necesario para «animar» al talismán, que puede considerarse más un ser vivo que un objeto inerte.

1 | **Articula tu intención.** ¿Qué quieres conseguir? Sea lo que sea, probablemente tenga cierto sentimiento, y es probable que también pueda expresarse (o aproximarse) con palabras. Las palabras son tu logos: tu declaración de intenciones; tus palabras o argumento.

Así que escribe lo que quieras. La claridad y la concisión son necesarias, así como también intentar que sea bonito. Que sea algo que puedas memorizar fácilmente y, cuando termines, ése será tu conjuro. El logos también podría incluir cualquier palabra que utilices para invocar a un poder correspondiente, si es que lo haces (ya sea Hermes, las Parcas o tu bisabuela, que era una *strega*).

La intención tiene otro aspecto: el *eros*. Eros es el sentimiento de excitación y victoria que se siente cuando algo que se desea está a punto de hacerse realidad. No hay que confundirlo con el nerviosismo de «¿Lo estoy *haciendo bien?*» o el miedo a no conseguir lo que quieres. Podrías sentir orgullo si lo que pretendes es fama y éxito. Podría ser el sentimiento de estar enamorado si lo que buscas es una pareja romántica. (Incluso podría ser ira justificada, supongo, si estás intentando acabar con alguien que te ha hecho daño). Sea lo que sea, permítete experimentarlo mientras trabajas para crear tu talismán. Respira hondo y relájate. Incluso puedes poner música que te ponga de buen humor.

2 | **Elige imágenes simbólicas.** Para las imágenes, el lugar obvio para empezar es con la propia carta del tarot. Puedes escanearla o calcarla, hacer una foto e imprimirla, o trabajar sobre la propia carta si no te importa romper la baraja. Puedes usar cualquier parte de la carta, o puedes emplearla entera. A mí me resultan muy útiles las imágenes de líneas en blanco y negro de Rider-Waite-Smith. Luego, añádele capas utilizando cualquiera de las siguientes:

- **Símbolos:** puedes utilizar formas que tengan un significado simbólico, como corazones o el símbolo del dólar. Puedes usar imágenes que se basen en correspondencias (como la abubilla asociada al decanato I de Capricornio) o en la tradición (como los anillos de boda, un regalo envuelto, un cheque o un trofeo MVP).
- **Color:** puedes utilizar colores basados en correspondencias (Júpiter = azul, por ejemplo) o en la tradición (¡la moneda estadounidense es verde!).
- **Sellos personalizados:** puedes crear tu propio sello basándote en tu declaración de intenciones. Hay muchas formas de transformar una declaración escrita en un sello.[3] La mayoría consiste en eliminar las letras y/o vocales redundantes y mezclar las formas de las letras restantes en un gráfico de aspecto misterioso.
- **Sigilos, sellos y signos tradicionales:** toma prestado libremente de tradiciones mágicas: runas, palabras escritas en lenguas que no sean la tuya, sellos planetarios de grimorios. Te sugiero que no te preocupes demasiado por la apropiación. La magia siempre ha sido inherentemente sincrética, una mezcla caótica de todas las tradiciones habidas y por haber. Y esto es magia privada, no algo que vayas a publicar en las redes sociales y luego tengas que lidiar con seguidores ofendidos. Investiga y, si el significado del símbolo se mantiene bajo comproba-

---

3. Recomiendo los *posts* de Gordon White basados en la magia del caos para empezar (https://runesoup. com/2012/03/ultimate-sigil-magic-guide/), o puedes utilizar uno de los innumerables generadores de sigilos disponibles en Internet.

ción, úsalo. Lo extraño de la imagen (su falta de familiaridad contigo, el practi-cante) puede ser parte de la magia.

- **Símbolos personales:** ¿te gustan los cuervos? ¿Te encantan los helechos? ¿Estarás obsesionado con la mica? ¿Había alguna forma divertida de escribir tus iniciales cuando eras niño? Considera añadirla también, como una especie de firma personal. De hecho, tu firma también podría estar ahí.

3 | **Selecciona la materia.** La materia es la materia física de la que está hecho tu talismán. El papel está muy bien para este ejercicio, pero si eres mañoso y quieres llevar tu talismán al siguiente nivel, puedes añadir otras sustancias significativas. Puedes utilizar papel de colores, pergamino o papiro. También puedes trabajar el cuero, la tela o la madera. Si eres joyero, puedes grabar metal o añadir cuentas. Además del sustrato sobre el que se coloque la imagen, puedes utilizar otros materiales para el ritual. Puedes ponerle aceite o perfume a la imagen. Puedes emplear objetos naturales, como hojas, flores o piedras. Puedes ofrecer vino o incienso. Puede que quieras incorporar lo que los *rootworkers* llaman «asuntos personales» (pelo, sangre u otras sustancias íntimas), pero eso depende de ti.

4 | **Elige el momento.** Elige un momento adecuado para terminar y «cargar» tu talismán. Los talismanes tradicionales prestan atención a lo que ocurre en el cielo. Puede ser astrológico: cuando la luna está en Tauro en la tercera casa, por ejemplo. Puede ser solar o lunar: la salida del sol, la luna llena o la luna menguante para las cosas de las que quieres deshacerte, o las celebraciones solares como el equinoccio de primavera o el solsticio de invierno. O podría ser calendárico: el jueves es el día de Júpiter, por ejemplo, y podrías utilizar la hora planetaria de Júpiter (la salida del sol, o la octava hora planetaria del día).

También diría que puedes elegir momentos no esotéricos y con significado personal, como tu cumpleaños. O Navidad. O el Año Nuevo. O tu aniversario. O el lunes por la mañana, cuando abre la bolsa.

5 | **Haz el ritual.** En el momento significativo que elijas, ve a un lugar que también sea significativo (un altar, o donde quieras que se produzca el resultado deseado). Si lo deseas, puedes utilizar el ritual de invocación o destierro del capítulo 7. Saca el talismán y la materia correspondiente; enciende la vela, el incienso o cualquier otra cosa que tengas. Invoca y alaba a los poderes que quieras que presidan el talismán. Habla al talismán sobre lo que deseas. Pronuncia tu conjuro varias veces si lo deseas. Puedes

cantar o salmodiar si te apetece. Por último, da las gracias y despide a los espíritus que hayas invocado. También puedes dar las gracias al talismán y darle un beso.

6 | **Sigue después.** Memoriza tu conjuro y, con el talismán en la mano, recítalo cada mañana durante al menos una semana. (Puedes recitarlo más de una vez al día y durante más de una semana, si lo deseas). Lleva el talismán en el bolsillo, en la cartera o en la funda del móvil, es decir, tan cerca de ti como puedas. Al cabo de una semana, anota los resultados.

_____

_____

_____

_____

_____

_____

_____

Algunas fuentes de símbolos y correspondencias

Tres libros de filosofía oculta de Heinrich Cornelius Agrippa von Nettesheim

The Rulership Book: A Directory of Astrological Correspondences de Rex E. Bills

Tarot Correspondences: Ancient Secrets for Everyday Readers de T. Susan Chang

Enciclopedia Cunningham de hierbas mágicas de Scott Cunningham

Picatrix: The Classic Medieval Handbook of Astrological Magic de John Michael Greer y Christopher Warnock

777 and Other Qabalistic Writings of Aleister Crowley de Aleister Crowley

The Western Mysteries: An Encyclopedic Guide to the Sacred Languages & Magickal Systems of the World de David Allen Hulse

Tarot and Magic de Donald Michael Kraig

The Magical and Ritual Use of Perfumes de Richard Alan Miller e Iona Miller

Las tablas completas del mago, de Stephen Skinner

Secrets of Planetary Magic de Christopher Warnock

The Magician's Companion: A Practical & Encyclopedic Guide to Magical & Religious Symbolism de Bill Whitcomb

TAROT MÁGICO

¡Cuánto camino has recorrido desde el primer día que te arriesgaste con este libro! Espero que a estas alturas, las cartas, esos 78 queridos hijos de Fortuna, se hayan convertido en compañeros entrañables y formen parte de tu vida cotidiana.

Porque vives el tarot, ese vaso de agua fresca en un día caluroso es tu as de copas. Porque vives el tarot, el 6 de pentáculos va contigo cuando entras en la entrevista de trabajo, recordándote que las oportunidades están dondequiera que mires.

Como vives el tarot, cuando sacas la torre en una noche de tormenta y oyes un trueno y un relámpago ilumina tu comedor, te alegras. «¡Se han cumplido los requisitos!», exclamas.

El tarot es más que un pasatiempo y más que un juego. Es más que una pavorosa interfaz con el mundo espiritual. El tarot es una forma de vida. Lo que hay en la superficie de esas coloridas imágenes es sólo el principio. Justo debajo de su superficie impresa, las cartas contienen el mundo entero.

Cada carta es un almacén, un depósito de tu experiencia vivida. El mundo guarda el día en que estuviste al lado de tu mejor amiga, apretándole la mano mientras daba a luz a su hija. El 3 de bastos representa el día en que subiste a la montaña y decidiste dejar de fumar para siempre. Y la reina de espadas guarda el recuerdo de tu aguda tía Trish (que en paz descanse) y todas sus adorables y divertidas historias.

Cada carta es una puerta llena de potencial. Puede que aún no hayas hecho ese viaje por carretera que siempre quisiste hacer, pero el carro te dice que *podrías hacerlo*. Tal vez todavía no hayas aprendido a dibujar, ni a escudriñar en una bola de cristal ni a grabar tus sueños, pero el 7 de copas dice que eso sigue siendo parte de ti.

Y en esos días en los que te sientes pequeño y sin importancia, el tarot te da una forma de renegociar tus límites. Te da una forma de ampliar tus límites y de volver a encender la esperanza. Porque las cartas son una metáfora del mundo entero y también de ti.

Cuando cazas dentro del tarot, buscando con todos tus sentidos lo que algo puede significar, no sólo descubres un significado. Lo estás *creando*. El tarot es infinito, y tú también.

Eres la flecha encendida que incendia el bosque.

Eres una criatura de profundidades arremolinadas y tesoros ocultos.

Eres la voz del viento inquieto.

Tú eres la caja fuerte y eres la llave.

Tú eres las cartas y las cartas eres tú.

¡Vive el poema!

Epílogo
LA LLAMADA
DE LAS CARTAS

Este libro trata de ti, no de mí. Trata de cómo el tarot cobra vida para ti, de la forma en que te sirves el café por las mañanas, de tu primer día de trabajo o en la manera en que tu gato se acurruca a tu lado cuando lees en la cama. Se trata de la red viva y palpitante de la metáfora que te rodea, así como de la forma en que la vislumbras en las cartas.

Se trata de tu aventura heroica y de tu yo mítico. Se trata de cómo el tarot llegó a tu vida y lo cambió para siempre. Dicho esto, antes de que nos separemos, tal vez te gustaría saber cómo llegó el tarot a la mía.

Adivinación en un dormitorio

La primera vez que vi una baraja de tarot de cerca fue en otoño de 1987, cuando llegué a la universidad. Compartía una habitación doble con otras tres estudiantes de primer año, pero Mel H. vivía junto a nosotras en su propia habitación individual. Mel parecía saber quién era; voluble, performativa, sociable, con un novio al que eclipsaba totalmente. Tenía una mirada firme de color azul grisáceo, una risa fácil y se remangaba una y otra vez. Le gustaba describirse como «rubeniana», y era el tipo de persona a la que podías acudir a por un preservativo la noche en que perdías la virginidad. También me enseñó a utilizar mi primer ratón de ordenador cuando estas cosas eran nuevas.

Mel tenía una baraja de tarot y sabía leerla. No hace falta decir que esto hizo que su habitación individual se convirtiera en una meca dentro de la residencia. Durante mis tres años en Harvard (empecé como estudiante de segundo año), nunca conocí a nadie más que leyera cartas. No estaba mal visto; Harvard resultó ser un lugar donde la extravagancia era una ventaja, ya que se daba por sentado que todo el mundo era brillante. Pero también parecía que todos los demás tenían una idea clara de hacia dónde se dirigían en la vida. ¿Para qué iban a necesitar el tarot?

Mel y yo éramos amigas, pero yo siempre buscaba una lectura. El tema *siempre* eran los hombres o, mejor dicho, los chicos. A día de hoy, no recuerdo ni un solo detalle de aquellas lecturas. Sí recuerdo que caminé por la nieve hasta la tienda *vintage* de North Cambridge, donde tenían un tarot de Dalí. Algunos de nosotros habíamos recaudado dinero y se lo compramos a Mel. Sinceramente, era lo menos que podíamos hacer.

En aquellos días, nunca se me ocurrió que yo misma podría leer el tarot. La baraja de Mel era un tarot de Marsella, con emblemas de palos sin adornos en los arcanos menores. Aprender y memorizar 78 significados parecía una proeza matemática. ¿Y cómo funcionaba? La idea era metafísicamente inescrutable y es posible que requiriera demasiado trabajo intelectual.

Volví a ocuparme de los asuntos propios de la universidad (estudiar, estar arruinada y preocuparme por los chicos) y no volví saber nada del tarot en casi una década.

Primera baraja

En 1997 ya estaba inmersa en los asuntos propios de la edad adulta, trabajar, estar arruinada y preocuparme por los chicos, y la incertidumbre me acechaba. Desde fuera parecía tenerlo todo controlado como joven editora de libros en una editorial académica. Pero por dentro me aburría, me sentía sola y me picaba el gusanillo. La cura para esta inquietud variaba de un año a otro: a veces cocinaba elaboradas comidas empapadas de vino. Durante un tiempo fui a bailar casi todas las noches, y en otro momento empecé a aprender a tocar el saxofón. Hubo momentos en que hice todo lo anterior; y, por supuesto, estaba el interminable desfile de chicos, que empezaban a parecerse engañosamente a los hombres.

Pero un sábado, cuando estaba sentada sola (otra vez) durante la cena, dándole vueltas a otra disertación enigmática y dándole vueltas a Johnny, el bailarín de tango, por fin me di cuenta de que estaba harta. ¿Con qué? No podría decirlo, pero, en retrospectiva, creo que diría que fue la aparente falta de sentido de todo. Cada movimiento que había hecho hasta ese momento había tenido sentido de alguna manera y, sin embargo, la vida seguía pareciéndome improductiva. ¿Cómo podía encontrar un trabajo que me gustara de verdad? ¿Qué era exactamente el éxito? ¿Dónde encontraría el amor?

Ahora el tarot, a diferencia de mis elecciones vitales hasta la fecha, no tenía ningún sentido. ¿Cómo podía surgir un significado del puro caos de 78 cartas barajadas al azar? Con una alegre indiferencia por las leyes de la causalidad, el tarot parecía abrazar de todo corazón la misma incertidumbre que tanto temía. El tarot podía sacar significados literalmente de la nada. Tal vez yo también podría.

Llevo un diario desde los doce años. Ese mismo sábado por la noche terminé la página en un estado de agotamiento sensiblero y serio:

> 2 de mayo de 1997
> «Mañana planeo aprender a leer el tarot y comprar mis primeras cartas. Porque no puedo vivir con tanta incertidumbre y debo callar mis sueños».

¡Vaya! Ahora me da un poco de vergüenza. Pero seguí adelante y cambió mi vida.

> 3 de mayo de 1997
> «Un buen día. Efectivamente compré mi primera baraja de tarot –Rider-Waite– y me senté en el restaurante Piscis a aprender a usarlas…».

(Mi ascendente es Piscis, aunque eso era lo último en lo que pensaba cuando entré en aquel restaurante, ya desaparecido).

Siguieron varios pensamientos aburridos sobre chicos. Pero lo que más recuerdo de aquel día, cuando empecé en serio mi andadura en el tarot, fue que la primera carta propia en la que puse los ojos fue la reina de espadas. Vi su perfil decidido, su brazo levantado, su corona de mariposa, su espada afilada, y un ligero escalofrío recorrió mi columna vertebral.

No sabía mucho de tarot, pero había leído lo suficiente como para saber que, de las cuatro reinas, era a ésta (la mujer afilada, soltera, con la cabeza alta y a la que le encantaba bailar) a la que más reconocía. No era la franca y amistosa reina de bastos, ni la rubia y empática reina de copas, ni la capaz y orgullosa reina de pentáculos. No, para mí era la reina de espadas (también conocida como la reina de espadas, o Pique Dame, o Black Maria), y cuanto más aprendía de su prohibitivo pasado, más me gustaba.

El tercer día saqué por primera vez una carta del día. Era, valga decirlo, la reina de espadas.

Infinito en un tren

Pronto aprendería que las sincronicidades estremecedoras son normales en el tarot. Pero ¿qué es realmente la sincronicidad? Jung definió la sincronicidad como una *coincidencia significativa*. Las coincidencias ocurren todo el tiempo. Lo que les da sentido es el hecho de que *nos damos cuenta*. Este darse cuenta, esta participación activa del Yo subjetivo, es la esencia de la adivinación.

En aquel primer arrebato de asombro y fascinación de 1997, me pregunté lo mismo que todo el mundo se preguntaría: *¿Quién hay detrás de esto?* Seguramente algo externo, como Dios, el universo, el destino, el diablo, tenía que estar provocando que las cartas cayeran de una forma tan extraña, porque yo no me lo estaba inventando.

Veinticinco años después, creo que tengo una respuesta: es lo que Jung habría llamado el Yo. Pero sigo asombrada y fascinada porque el Yo es mucho más grande de lo que supuse en su momento; tan libre del mundo tridimensional percibido de T. Susan Chang. Resulta que este Yo lo *estuvo preparando* todo el tiempo. Pero en las inmortales palabras de Dumbledore: «¿Por qué en la tierra debería significar eso que no es real?».[1]

Por aquel entonces, sin embargo, mi comprensión de las cartas era escasa. Y, como todo tarotista novato, me daba cabezazos contra la pared tratando de encontrar significados. Podía *sentir* físicamente el significado presente en las cartas, como un zumbido que recorría mis manos mientras sostenía la baraja, pero no podía expresarlo con palabras. Si el as de espadas aparecía una y otra vez, era evidente que algo grande estaba ocurriendo, pero *¿qué podía significar?* Como un astrólogo novato que ve un eclipse formando una conjunción partil con el ascendente de alguien, lo único que podía hacer era señalar con el dedo las

---

1. J. K. Rowling, *Harry Potter y las Reliquias de la Muerte.* Nueva York: Scholastic, 2007.

cartas mientras un pequeño bocadillo de diálogo lleno de signos de exclamación aparecía sobre mi cabeza.

Era frustrante, y cuando las cartas eran menos dramáticas, por ejemplo, el 4 de copas, el 7 de pentáculos y el paje de espadas, ni siquiera podías señalar.

Una tarde, hace unos meses, estaba en un tren de camino a Cape Cod, mirando diligentemente las cartas que tenía sobre la mesa y que estaban todas ellas en blanco. «Esto es ridículo, —me dije—. ¿Por qué estoy perdiendo el tiempo? ¿Por qué no vuelvo a casa y me matriculo en un posgrado o algo que merezca la pena?».

El sol incidía en mi oreja izquierda y las vías sonaban bajo las ruedas. Volví a barajar las cartas. «Dame una razón por la que no deba rendirme ahora mismo», pensé. Saqué una carta boca abajo. Y luego, por si acaso, saqué otra. Cerré los ojos, apoyé las manos en la bandeja caliente y di la vuelta a las cartas poco a poco.

Eran el mago y la fuerza, mirándome desde sus habitaciones amarillas gemelas, cada una adornada con rosas, cada una con un signo de infinito sobre la cabeza; cada una, una imagen de poder y posibilidad. No sabía nada de la conexión del Mago con Mercurio, ni del 8 de pentáculos, ni de la tabla de esmeralda de Hermes Trismegisto, que más tarde serían importantes para mí. No sabía que llegaría a asociar la fuerza con (entre otras cosas) logros públicos y ser el centro de atención.

Pero mientras miraba esas cartas, la burbuja del discurso sobre mi cabeza empezó a llenarse de signos de exclamación otra vez. De momento, eso era suficiente.

La vida de la fiesta

Casi todos los tarotistas pasan por una fase de «amigos y familia», se conviertan o no en profesionales. La mía duró dieciocho años, pero la tuya no tiene por qué ser así.

Durante un tiempo, leía el tarot a cambio de propinas una vez a la semana en un café de Hell's Kitchen, lo cual fue una experiencia maravillosa.[2] ¡Qué drama! Cumplí los requisitos de la Asociación Americana del Tarot y recibí un certificado de «Lector de Tarot Profesional Certificado», que daba fe de las buenas intenciones de todos los implicados, aunque no mucho más. A pesar del título, seguía con mi trabajo de día, me mudaba a Nueva Inglaterra,

---

2. Crónica completa en «The Fortune Teller's Teacup», de mi primer libro, *A Spoonful of Promises*.

criaba una familia y trabajaba como escritora autónoma. El tarot ocupaba un lejano segundo plano entre todas estas obligaciones.

Sin embargo, las cartas siempre estaban conmigo. Seguía echando una carta cada día y seguía pensando y soñando con el tarot. Las cartas estaban allí el día que publiqué el anuncio personal que me llevó a conocer a mi marido (reina de espadas) y el día que nos comprometimos (reina de bastos); estaban en la portada de nuestro programa de boda (2 de copas). La mañana en que descubrí que estaba embarazada de nuestro hijo, saqué la mano de la cama revuelta y me salió la emperatriz.

Cada vez que íbamos a una cena o a una fiesta, llevaba una baraja en el bolso. No me importaba leer durante horas, ni la extraña sensación de flotar en el espacio exterior después. (Lo cual es algo, precisamente por lo que necesitaba hacer la tarea final del capítulo 7).

A estas alturas ya sabía que el tarot era «real». Era divertido, era útil, era raro y era maravilloso. Me ayudó a entender a mi primer hijo, y al segundo. Me ayudó a superar las dos décadas que mi padre tuvo alzhéimer y los diez años que vivió con nosotros. Me aconsejó en la escuela de cocina y en mi carrera como escritora gastronómica, como profesora de escritura y luego como autora. Incluso durante los nueve agotadores años en que dejé de sacar la carta diaria, nunca me falló si le pedía ayuda. Poco a poco, el tarot se convirtió en una forma de vida para mí. Pero no podía ser una forma de ganarme la vida. ¿Quién se dedica a eso?

Lo que estaba en las cartas

Descubrí quién lo hizo a escasos días de despedir 2014. Fue una época excepcionalmente difícil, en la que mi hermana y yo nos afanábamos por encontrar un lugar para nuestro padre, cuyo centro de vida asistida nos había informado de que necesitaba un «mayor nivel de cuidados». Los días eran un torbellino de obligaciones financieras, legales, profesionales, parentales, filiales y educativas, y a medida que se acercaba el año nuevo me veía en la imperiosa necesidad de escapar.

En Facebook, encontré un grupo que se hacía llamar «Profesionales del tarot». «¿Soy una profesional del tarot?», me pregunté. La respuesta fue no, pero me uní de todos modos, y resultó que entre los profesionales también había montones de entusiastas curiosos e interesados como yo. De vez en cuando había alguna pedantería o trifulca, pero sobre todo me alegraba de la conversación y la comunidad.

Ese invierno volví a echar una carta diaria y me sorprendió el alivio que me proporcionaba en medio de las incertidumbres. Conocí a gente que leía regularmente para otros, a gente que escribía libros sobre el tarot, a gente que coleccionaba barajas y a gente que, como yo, amaba los sistemas simbólicos.

Empecé a invertir primero energía, luego tiempo y después dinero en el tarot. En 2015, comencé a coser y vender estuches de tarot, sólo por diversión. En 2016, empecé a leer en una tienda local, y otra Mel entró en mi vida: Mel Meleen, la creadora de los tarots Tabula Mundi y Rosetta. En 2017 lanzamos el pódcast de tarot esotérico *Fortune's Wheelhouse*, momento en el que también comencé a elaborar y vender perfumes basados en las correspondencias astrológicas que acababa de aprender para el podcast. A estas alturas estaba claro que, pensara o no que era posible ganarse la vida con el tarot, eso era lo que estaba ocurriendo. «Si voy a hacer esta locura, –me dije–, voy a hacerlo de p*ta madre».

En 2018, lancé *Tarot Correspondences*, una guía de referencia para todos los sistemas esotéricos adheridos al tarot basado en la Aurora Dorada, porque no podía encontrar uno y lo necesitaba. También lancé el curso de tarot en línea Living Tarot. En 2020, a causa de la COVID mundial, me encerré y escribí *36 Secretos* (mi libro sobre los arcanos menores) y luego *Tarot descifrado*, coescrito con Mel.

Hoy, el tarot está entrelazado en el tejido de mi vida. Mi día comienza con la tirada diaria, un ritual de media hora que incluye devociones planetarias, reverencia a los antepasados y un conjuro que escribo basándome en las cartas que obtengo. Durante el día, hay libros que escribir, clientes para los que leer, estudiantes a los que enseñar, estuches de tarot que coser.

Es el tarot al que recurro cuando estoy disgustada o confusa. Es el tarot en mi salvapantallas, el tarot en las paredes de mi oficina (¡diez ruedas de la fortuna!), el tarot en mis sueños. Es el tarot el que reclama el último momento despierto de mi día, cuando me siento con el diario que he escrito durante cuarenta años y descifro lo que sea que las cartas trataban de decirme esa mañana. Cada día que puedo mezclar una baraja y ver lo que las cartas tienen que decirme, creo que soy la persona más afortunada del mundo. Y ahora que las cartas te llaman, espero que sientas lo mismo.

TSC
Mediados de verano de 2022
Leverett, Massachusetts

RECURSOS RECOMENDADOS

Me encantan los libros, y sé que a ti también. Ahora mismo tienes uno en la mano. No obstante, tengo sentimientos encontrados sobre el uso de los libros cuando uno está empezando a leer cartas.

Todos hemos tenido la experiencia de abrir una baraja, sacar el Librito blanco y estudiarlo detenidamente como si contuviera los secretos del universo. O tal vez encontraste un libro de tarot de un tamaño más adecuado y que te gustó. Hay muchos muy buenos por ahí, ¡quizá incluso tengas uno de los míos! Pero cuando te sientas a hacer una lectura, te encuentras recurriendo al libro para buscar una carta. Y luego otra. Y otra más. Antes de que te des cuenta, lo que estás haciendo se parece mucho a leer un libro y no tanto a leer cartas. ¡Oh, no!

No sabes cuántas veces le pregunto a alguien si lee el tarot y me dice: «Tengo una baraja desde hace un par de años, pero aún soy principiante. Todavía tengo que buscar los significados en el libro». ¿Por qué tantos de nosotros nos estancamos en esta etapa? ¿Por qué sentimos que tenemos que recurrir a un libro para encontrar el significado «correcto»?

Creo que es porque pensamos que debemos memorizar las cartas, como si fueran vocabulario de una lengua extranjera, o tal vez la tabla periódica. Pero el tarot tiene un alcance *infinito*. Es todo lo que sabes *más* todo lo que puedes imaginar y todo lo que no puedes. ¿Cómo puede un libro definírtelo? Incluso el mejor libro de significados no puede decirte todos los misterios que el 5 de espadas tiene para ofrecerte.

Así que, como has visto en este libro, mi estrategia ha sido empezar con lo que sabes. Con suerte, si has llegado incluso hasta el capítulo 4, tienes una semilla de significado para cada una de esas 78 cartas. Tienes una idea aproximada de cómo es cada carta en la vida ordinaria y, lo que es más importante, de cómo *se siente* cada una de ellas.

Ese significado inicial es como una semilla de cristal, o la arenilla de una ostra. Alrededor de ese pequeño grano, crecerá capa tras capa de significado hasta que lleves el tarot sobre tu persona como un collar de perlas cósmicas. En ocasiones, el significado se anunciará por sí mismo como el toque de trompeta en el Día del Juicio Final. A veces, el significado se arrastrará con pies de gato, como la niebla, según Carl Sandburg.[1] El significado llegará en sueños y cuando leas para desconocidos y amigos.

Y, sobre todo, el significado llegará cada día, de formas grandes y pequeñas, después de que hayas sacado tu carta diaria.

Ningún libro, ni el Librito blanco ni la Biblia ni este libro, contiene los secretos del universo. ¿Pero sabes quién los tiene? Tú.

Dicho esto, hablemos de lo que los libros pueden hacer por ti.

Cuándo leer libros cuando se leen cartas

Ésta es mi opinión: el peor momento posible para coger un libro es cuando estás en medio de una lectura. Tienes una pregunta importante, puede que tengas a alguien sentado delante de ti, tienes imágenes y contexto. Tienes empatía, habla y un cerebro derecho altamente funcional. Eso es todo lo que necesitas para una lectura. Buscar un libro sólo desactivará el sabio e intuitivo detector de patrones que habita dentro de ti. Sería como intentar describir un cielo lleno de estrellas calculando el porcentaje de helio e hidrógeno de cada una. ¿Es exacto? Tal vez, pero no es la cuestión.

Dicho esto, creo que hay dos grandes momentos para usar un libro, o incluso *muchos* libros, cuando estás aprendiendo tarot:

---

1. Carl Sandburg, «Fog», Poetry Foundation, consultado el 6 de enero de 2023, www.poetryfoundation.org./poems/45032/fog-56d2245d7b36c

1 | **Para complementar tu carta del día.** Cuando saques tu carta del día, en cierto modo estarás buscando conexiones con ella durante todo el día, aunque tu conciencia de la carta sea sólo una subrutina distante en algún lugar del fondo de tu cerebro. Si tienes tiempo después del sorteo, lee los significados de esa carta o escucha un pódcast de cartas como *Fortune's Wheelhouse* mientras conduces o realizas cualquier otra tarea que te lo permita. Eso te ayudará a estar atento a las sincronicidades. A medida que te fijes en ellas, tu mente almacenará sin esfuerzo esa información para utilizarla en el futuro.

2 | **Después de una lectura, en el «post-game».** No hay nada como esa primera impresión, rica en contexto, cuando ves dos o más cartas juntas. Pero *después*, no hay nada de malo en revisar la lectura y utilizar cualquier material de referencia que tengas para añadir capas adicionales y profundidad a lo que has aprendido. Puede ser unos minutos después o al día siguiente, cuando veas la foto o las notas que tomaste de la lectura. (¡Espero que hayas hecho una foto! ¡Espero que hayas tomado notas!).

Si has estado estudiando sistemas esotéricos, parte de lo que has aprendido te servirá como base para lo que digas en la lectura. Después también es un buen momento para explicar y profundizar en cualquier información esotérica. Es cuando puedes hacer tus cálculos de cábala («¡Mira! tienes la carta de la muerte y la luna, ¡y ambas están conectadas con Netzach!») o tu inmersión profunda en astrología («¿Tienes un stellium a 27 grados Géminis? Pues *resulta* que está en el decanato de sombra de la reina de copas, que tienes *aquí*, y aquí te explico por qué puede ser importante»). Si tu amigo o cliente no habla esos idiomas, no le vuelvas loco (ni a ti) intentando explicárselo. Simplemente, traduce. («¿La muerte y la Luna? Ambas tienen que ver con cómo nos sentimos respecto a las cosas que buscamos en esta vida». O «La reina de copas sabe mucho de generosidad, y apuesto a que tú también»).

Creo que las correspondencias son como las escalas para un músico. Las practicas todos los días, te tumbas en la cama dándole sentido al ciclo de quintas en tu cabeza, interiorizas la digitación. Pero luego, cuando llega la hora del concierto, te olvidas de todo eso y te limitas a tocar.

Las escalas siguen ahí, pero forman una infraestructura que apoya tu rendimiento.

Las correspondencias (y la lectura de referencia en general) son una infraestructura que te permite volar en una lectura.

Libros sobre tarot

Si te estás iniciando en tu viaje tarotista con una baraja Rider-Waite-Smith y quieres complementar lo que estás haciendo con tu tirada diaria y el trabajo que estás haciendo con *El Tarot viviente*, puedes encontrar algunas semillas de cristal de significado excelente en *Los Setenta y Ocho Grados de Sabiduría* de Rachel Pollack y *El Tarot, un viaje interior; el tarot como guía personal de autoconocimiento y autocontrol* de Mary Greer. Si eres más tradicional, es posible que prefieras a Arthur Edward Waite *Pictorial Key to the Tarot*, que ofrece breves bocetos de lo que Waite estaba consiguiendo cuando colaboró con Pamela Colman Smith en la cubierta.

Si te atraen los sistemas esotéricos, probablemente disfrutarás con las innumerables tablas y gráficos de mi primer libro, *Tarot Correspondences*. También puedes seguir el pódcast *Fortune's Wheelhouse*, que es gratuito y describe el simbolismo esotérico de cada carta en detalle, una carta por episodio. Si prefieres los símbolos esotéricos descifrados de forma impresa, te interesará *Tarot Deciphered*, escrito por mí y por Mel Meleen, copresentadora de *Fortune's Wheelhouse*. Si te gusta el esoterismo histórico, quizá quieras explorar las raíces del tarot de la Aurora Dorada: *El Libro T* de McGregor Mathers (se encuentra como parte del «gran libro negro» de Israel Regardie, *La Aurora Dorada*, y está ampliamente disponible como PDF de dominio público). Por último, si eres aficionado a la historia del tarot, hay un excelente compendio reciente de textos fuente de los siglos XIX y XX que captan la forma en que los ocultistas de habla inglesa pensaban sobre las cartas en los albores del tarot moderno: *The Tarot: A Collection of Secret Wisdom from Tarot's Mystical Origins*.

En la siguiente lista, también incluyo algunas obras de referencia para la baraja Thoth (creada por primera vez en 1944) y el tarot de Marsella (una tradición de barajas europeas grabadas en madera que se extiende desde el siglo XVII hasta nuestros días). Incluso si te quedas con los mazos basados en Rider-Waite-Smith durante toda tu carrera en el tarot, merece la pena conocer un poco estas otras barajas.

Han tenido una profunda influencia en la forma en que la gente lee e interpreta el tarot hoy en día, y te ayudarán a ampliar tu comprensión de las cartas más allá de lo superficial.

Amberstone, Wald y Ruth Ann Amberstone, *The Secret Language of Tarot*. San Francisco: Weiser Books, 2008.

CHANG, T. SUSAN: *36 Secrets: A Decanic Journey through the Minor Arcana of the Tarot*. N.p.: Anima Mundi Press, 2020.

—: *Tarot Correspondences: Ancient Secrets for Everyday Readers*. Woodbury, MN: Llewellyn Publications, 2018.

CHANG, T. SUSAN y MELEEN, M. M.: *Tarot Deciphered: Decoding Esoteric Symbolism in Modern Tarot*. Woodbury, MN: Llewellyn Publications, 2021.

CROWLEY, ALEISTER: *El Libro de Thoth: Un Breve Ensayo sobre el Tarot de los Egipcios*. York Beach, ME: Weiser Books, 2017.

DAVID, JEAN-MICHAEL: *Reading the Marseille Tarot* Victoria, ASTL: Association for Tarot Studies,, 2011.

DECKER, RONALD: *The Esoteric Tarot: Ancient Sources Rediscovered in Hermeticism and Cabala*. Wheaton, IL: Quest Books, 2013.

DUQUETTE, LON MILO: *Understanding Aleister Crowley's Thoth Tarot*. Newburyport, MA: Weiser Books, 2017.

GREER, MARY K.: *Tarot for Your Self: A Workbook for Personal Transformation*. 2.ª ed. Franklin Lakes, NJ: New Page Books, 2002.

HUSON, PAUL: *Mystical Origins of the Tarot: from Ancient Roots to Modern Usage*. Rochester, VT: Destiny Books, 2004.

KATZ, MARCUS y GOODWIN, TALI: *Secrets of the Waite-Smith Tarot: The True Story of the World's Most Popular Tarot*. Woodbury, MN: Llewellyn Publications, 2015.

KENNER, CORRINE: *Tarot and Astrology: Enhance Your Readings with the Wisdom of the Zodiac*. Woodbury, MN: Llewellyn Publications, 2011.

Liber Theta: Tarot Symbolism and Divination. Los Ángeles: College de Thelema, 2012. www.thelema.org/publications/books/LiberT.pdf

LOUIS, ANTHONY: *Tarot Beyond the Basics: Gain a Deeper Understanding of the Meanings Behind the Cards*. Woodbury, MN: Llewellyn Publications, 2014.

MATHERS, MACGREGOR y FELKIN, HARRIET: *Book T - The Tarot: Comprising Manuscripts N, O, P, Q, R, and an Unlettered Theoricus Adeptus Minor Instruction*. Hermetic Order of the Golden Dawn 1888. https://benebellwen.files.wordpress.com/2013/02/mathers-and-felkin-golden-dawn-book-t-the-tarot-1888.pdf

PLACE, ROBERT M.: *The Tarot, Magic, Alchemy, Hermeticism, and Neoplatonism*. 3.ª ed. Saugerties, NY: Hermes Publications, 2017.

POLLACK, RACHEL: Los *78 grados de sabiduría del Tarot*. Urano, D.L., 1987.

PORTERFIELD, CHARLES: *A Deck of Spells: Hoodoo Playing Card Magic in Rootwork and Conjure*. Forestville, CA: Lucky Mojo Curio Company, 2015.

POWELL, ROBERT (trad.): *Meditations on the Tarot: A Journey into Christian Hermeticism*. Nueva York: Jeremy P. Tarcher/Putnam, 2002.

RENEE, JANINA: *Los Hechizos de Tarot. Cómo lograr éxito con el Tarot*. Madrid: Edaf, D.L. 1991.

—: *The Tarot: A Collection of Secret Wisdom from Tarot's Mystical Origins*. New York: St. Martin's Essentials, 2021.

WAITE, ARTHUR EDWARD y COLMAN SMITH, PAMELA: *La Clave Pictórica del Tarot: Fragmentos de una tradición secreta bajo el velo de la adivinación*. Humanitas, 2000.

Astrología básica

Ésta es una lista idiosincrásica. Lo más probable es que ya tengas algunos conocimientos de astrología, o quizá más. Puede que tengas un gran interés en las progresiones secundarias o las técnicas de los Señores del Tiempo, o puede que sólo leas tu horóscopo diario. Los títulos que aparecen a continuación son resúmenes que me han resultado útiles; en conjunto, son más que suficientes para iluminar la astrología codificada en la baraja Waite-Smith.

BRADY, BERNADETTE: *Predictive Astrology: The Eagle and the Lark*. York Beach, ME: Samuel Weiser, 1999.

BRENNAN, CHRIS: *Hellenistic Astrology: The Study of Fate and Fortune*. Denver, CO: Amor Fati Publications, 2017.

COPPOCK, AUSTIN: *36 Faces: The History, Astrology, and Magic of the Decans*. Hercules, CA: Three Hands Press, 2014.

NICHOLAS, CHANI: *Has nacido para esto: Astrología para la Autoaceptación Radical*. Harpercollins, 2021.

OKEN, ALAN: *Alan Oken's Complete Astrology: The Classic Guide to Modern Astrology*. Lake Worth, FL: Ibis Press, 2006.

TAYLOR, CAROLE: *Astrología: Utilizando la sabiduría de las estrellas en tu vida cotidiana*. Gaia, 2020.

Cábala hermética básica / cábala y el árbol de la vida

Si decides ampliar tus conocimientos sobre el árbol de la vida, ten en cuenta que existe: (1) la cábala tradicional, heredada directamente del misticismo judío, y (2) su descendiente lejana, la cábala hermética, construida por ocultistas no judíos (incluida la Aurora Dorada) y más estrechamente vinculada a la tradición del tarot.

Si quieres empezar rápidamente a relacionar el tarot con el árbol de la vida, *El Árbol de la Cábala* de Rachel Pollack es una gran introducción. Si deseas profundizar en los orígenes históricos de la cábala tradicional, los textos fuente son el *Sefer Yetzirah* y el *Zohar*, y probablemente necesitarás la ayuda de un erudito rabínico o de un especialista académico en estudios judíos para llegar hasta allí.

DuQuette, Lon Milo: *The Chicken Qabalah of Rabbi Lamed Ben Clifford: Dilettante's Guide to What You Do and Do Not Need to Know to Become a Qabalist.* York Beach, ME: Weiser Books, 2010.

Fortune, Dion: *The Mystical Qabalah.* Londres: Aziloth Books, 2011.

Kaplan, Aryeh: *Sefer Yetzirah: The Book of Creation.* San Francisco: Weiser Books, 1990.

Kliegman, Isabel Radow: *Tarot and the Tree of Life: Finding Everyday Wisdom in the Minor Arcana.* Wheaton, IL: Quest Books, 2013.

Matt, Daniel Chanan (trad.): *Zohar: El Libro del esplendor.* Barcelona: Ediciones Obelisco, 1996.

Pollack, Rachel: *The Kabbalah Tree: A Journey of Balance & Growth.* St. Paul, MN: Llewellyn Publications, 2004.

Regardie, Israel: *A Garden of Pomegranates: Skrying on the Tree of Life.* Editado por Chic Cicero y Sandra Tabatha Cicero. St. Paul, MN: Llewellyn Publications, 1995.

Wang, Robert: *The Qabalistic Tarot: A Textbook of Mystical Philosophy.* Columbia, MD: Marcus Aurelius Press, 2004.

Magia, simbolismo, praxis ritual y correspondencias adicionales (también conocido como «Qué hacer después del capítulo 8»)

Si, al igual que yo, te sientes incapaz de dejar de pensar en las implicaciones mágicas del tarot una vez que le has cogido el truco a la adivinación, es hora de que intentes navegar por el vasto mundo de la praxis esotérica contemporánea.

Mi propio viaje hacia la magia se ha nutrido de las tradiciones de veneración a los antepasados, los *Papiros Mágicos griegos* y *los Himnos Órficos, la* magia de la imagen medieval y renacentista, la psicología de Jung, las exploraciones en hoodoo/rootwork, el chamanismo básico y la magia del caos, para empezar. Mis grimorios favoritos son el *Picatrix* (o *Ghayat al-Hakim*) del siglo XI, el segundo Libro de los *Libros de Filosofía* de Agrippa. y el tercer Libro de los *Tres Libros de la Vida* de Marsilio Ficino. *Es una* mezcolanza de influencias irremediablemente irregular; no me disculpo por ello porque creo que es típico de la experiencia de la mayoría de los magos.

Su forma de entrar será ciertamente diferente, y eso está bien. Te ofrezco la siguiente lista, extraída de mi propio viaje errático a través del paisaje ocultista, con la esperanza de que algunos de los títulos puedan enviarle a otros agujeros de gusano que te inspiren y te fascinen.

AGRIPPA, HEINRICH CORNELIUS: *Three Books of Occult Philosophy*. Editado por Donald Tyson. Traducción de James Freake. St. Paul, MN: Llewellyn Publications, 2006.

—: *Three Books of Occult Philosophy*. Traducido por Eric Purdue. Rochester, VT: Inner Traditions, 2021.

ATHANASSAKIS, APOSTOLOS N. y WOLKOW, BENJAMIN M. (trad.): *The Orphic Hymns*. Baltimore, MD: Johns Hopkins University Press, 2013. (Incluye comentario histórico).

ATTRELL, DAN y PORRECA, DAVID (trad.), *Picatrix: A Medieval Treatise on Astral Magic*. Universidad Park: Penn State University Press, 2019.

BILLS, REX E.: *The Rulership Book: A Directory of Astrological Correspondences*. Tempe, AZ: Federación Americana de Astrólogos, 1991.

CARROLL, PETER: J, *Liber Null y Psychonaut: La práctica de la Magia del Caos*. Aurora Dorada, 2021:

CHEVALIER, JEAN y GHEERBRANT, ALAIN (eds.), *The Penguin Dictionary of Symbols*. Traducido por John Buchanan-Brown. Nueva York: Penguin Books, 2008.

COPPOCK, AUSTIN y SCHULKE, DANIEL A. (eds.): *The Celestial Art: Essays on Astrological Magic*. Hercules, CA: Three Hands Press, 2018.

CROWLEY, ALEISTER: *777 and Other Qabalistic Writings of Aleister Crowley: Including Gematria & Sepher Sephiroth*. Editado por Israel Regardie. York Beach, ME: Weiser Books, 1996.

CUNNINGHAM, SCOTT: *Cunningham's Encyclopedia of Magical Herbs*. Rev. ed. Woodbury, MN: Llewellyn Publications, 2016.

DOMINGUEZ, IVO: *Keys to Perception: A Practical Guide to Psychic Development*. Newburyport, MA: Weiser Books, 2017.

DUNN, PATRICK (trad.): *The Orphic Hymns: A New Translation for the Occult Practitioner*. Woodbury, MN: Llewellyn Publications, 2018. (Incluye texto original en la página opuesta).

FICINO, MARSILIO: *Three Books on Life: A Critical Edition and Translation*. Editado por Carol V. Kaske. Tempe: Centro de Estudios Medievales y Renacentistas de Arizona, 2019.

GREER, JOHN MICHAEL y WARNOCK, CHRISTOPHER: T*he Complete Picatrix: The Occult Classic of Astrological Magic*. Iowa City, IA: Adocentyn Press, 2011.

HALL, MANLY P.: *The Secret Teachings of All Ages: An Encyclopedic Outline of Masonic, Hermetic, Qabbalistic, and Rosicrucian Symbolical Philosophy*. Seattle: Pacific Publishing Studio, 2011.

HULSE, DAVID ALLEN: *The Eastern Mysteries: An Encyclopedic Guide to the Sacred Languages & Magickal Systems of the World*. St. Paul, MN: Llewellyn Publications, 2002.

—: *The Western Mysteries: An Encyclopedic Guide to the Sacred Languages & Magickal Systems of the World*. St. Paul, MN: Llewellyn Publications , 2002.

JUNG, C. G.: «Foreword», *The I Ching or Book of Changes*, traducción de Wilhelm/Baynes, XXI-XXXIX. Princeton, NJ: Princeton University Press, 1997.

—: *Synchronicity: An Acausal Connecting Principle*. Traducido por R. F. C. Hull. Princeton, NJ: Princeton University Press, 2012.

KRAIG, DONALD MICHAEL: *Tarot & Magic*. St. Paul, MN: Llewellyn Publications, 2003.

MILLER, RICHARD ALAN y MILLER, IONA: *The Magical and Ritual Use of Perfumes*. Rochester, VT: Destiny Books, 1990.

MOORE, ALAN y WILLIAMS, J. H.: *Promethea*. Londres: Titan Books, 2003.

REGARDIE, ISRAEL: *The Golden Dawn: The Original Account of the Teachings, Rites, and Ceremonies of the Hermetic Order.* Editado por John Michael Greer. Woodbury, MN: Llewellyn Publications, 2015.

SKINNER, STEPHEN: *The Complete Magician's Tables.* Singapur: The Golden Hoard Press, 2017.

STEINBRECHER, EDWIN C.: *The Inner Guide Meditation: A Spiritual Technology for the 21st Century.* York Beach, ME: Samuel Weiser, 1988.

VON FRANZ, MARIE-LOUISE,: *Sobre adivinación y sincronicidad: la psicología de las casualidades significativas.* Barcelona: Paidós Ibérica, 1999.

WACHTER, AIDAN: *Six Ways: Approaches & Entries for Practical Magic.* Autoeditado: Red Temple Press, 2018.

WARNOCK, CHRISTOPHER,: *Secrets of Planetary Magi.* Autoeditado: Renaissance Astrology, 2010.

WHITCOMB, BILL: *The Magician's Companion: A Practical & Encyclopedic Guide to Magical & Religious Simbolism.* St. Paul, MN: Llewellyn Publications, 2007.

Una lista bastante incompleta de pódcasts relacionados con la magia que estaban de moda en el momento de escribir este artículo

- *Arnemancy* con Erik Arneson
- *The Astrology Podcast* con Chris Brennan
- *Coffee & Divination* con JoAnna Farrer
- *Fortune's Wheelhouse* con T. Susan Chang y M. M. Meleen
- *Glitch Bottle* con Alexander Eth
- *The Hermit's Lamp* con Andrew McGregor
- *Holes to Heavens* con Adam Sommer
- *The Magician and the Fool* con Dom y Janus
- *Occult Experiments in the Home* con Duncan Barford
- *Rune Soup* con Gordon White
- *This Jungian Life* con Lisa Marchiano, Deb Stewart, y Joseph Lee

AGRADECIMIENTOS

Siempre he vivido mi relación con el tarot como una estudiante, a veces entusiasta, en ocasiones aburrida, y a menudo pausada. Incluso hoy, varias décadas después desde mi primer encuentro con el tarot, me siento como si entrara en una clase vacía cuando hago la tirada de la carta del día. Mientras el incienso se eleva lentamente a la luz de la mañana que se filtra por las ventanas, observo el bolígrafo, el trozo de papel y los dorsos de las dos cartas que acabo de sacar. En lugar del juramento a la bandera, recito la tabla de esmeralda de Hermes Trismegisto diciendo: «Lo que está abajo es como lo que está arriba, y lo que está arriba es como lo que está abajo, para realizar el milagro de la Cosa Única». Y entonces pregunto: «¿Qué me enseñarás hoy?».

Como todo buen profesor, el tarot es paciente, generoso y te encuentra ahí donde estés. Hay días en los que el significado parece estar fuera de tu alcance, y otros en los que te ilumina en el momento preciso. Hay días en los que te sientes completamente perdido y confundido, sólo para encontrar la respuesta cuando por fin recuerdas recoger las cartas. Cuando se trata del tarot, este antiguo dicho no podría ser más cierto: cuando el alumno está preparado, aparece el maestro.

El tarot en sí mismo es el mejor de los maestros. Pero hay muchos maestros y la lista sería mucho más extensa que este libro, si alguna vez me decidiera a hacerla. Así que me limitaré a dar las gracias a las dos mujeres que, creo que todos estamos de acuerdo, son las verdaderas hadas madrinas del tarot de nuestro tiempo: Mary Greer y Rachel Pollack. En sus libros, como en tantos otros, encontré mis judías mágicas, mi calabaza encantada, mis botas de siete leguas. Siempre les estaré agradecida por ello y por tener hoy el gran honor de contar con su amistad.

Estoy más que agradecida por haber tenido la oportunidad de relacionarme con cientos de estudiantes de tarot, nuevos y experimentados, en los últimos años, en particular, los estudiantes del curso en línea Living Tarot. El primer domingo de cada mes, cuando nos reunimos mediante Zoom, se ha convertido en un punto culminante de mi calendario; es justo decir que he aprendido tanto de ellos como ellos de mí.

Lo mismo puede decirse de la Fortune's Wheelhouse Academy de Facebook, cuyos intrépidos exploradores del tarot esotérico me inspiran día tras día.

En cuanto a la publicación, estoy en deuda, como siempre, con la editora de Llewellyn, Barbara Moore, cuyo sentido común, compostura y mente siempre abierta son el ejemplo a seguir para todos los guardianes de las publicaciones esotéricas. El ojo observador de Nicole Borneman mejoró extraordinariamente el manuscrito a medida que su producción avanzaba. Y agradezco a Kat Neff y Markus Ironwood sus esfuerzos por apoyar y dar a conocer mi trabajo.

Por último, me gustaría dar las gracias a las tres moiras griegas por mover el huso, cortar el hilo y tejer la tela (del destino).

Μοῖραι, ἀκούσατ᾽ ἐμῶν ὁσίων λοιβῶν τε καὶ εὐχῶν,
ἐρχόμεναι μύσταις λαθιπήμονες εὔφρονι βουλῇ.

SOBRE LA AUTORA

T. Susan Chang lleva veintiséis años leyendo tarot.

Es autora de *Tarot Correspondences: Ancient Secrets for Everyday Readers* (Llewellyn, 2018) y *36 Secrets: A Decanic Journey through the Minor Arcana of the Tarot* (Anima Mundi, 2021), y coautora de *Tarot Deciphered: Decoding Esoteric Symbolism in Modern Tarot* (Llewellyn, *2021*). Creó y presentó, junto con Mel Meleen, el pódcast de tarot esotérico *Fortune's Wheelhouse* (www.patreon.com/fortuneswheelhouse), que explora las imágenes y el simbolismo de cada carta de las barajas basadas en la Aurora Dorada, como los tarots Rider-Waite-Smith y Thoth.

© Danielle Tait

Certificada como tarotista profesional por la Asociación Americana del Tarot, ofrece lecturas de tarot en línea y sesiones de tutoría de tarot; actualmente enseña el Tarot viviente, un curso de tarot en línea para todos los niveles de experiencia como lector, a más de 250 estudiantes. Ha ofrecido presentaciones y talleres en el Omega Institute, Atlas Obscura, el Northwest Tarot Symposium, StaarCon, la Philadelphia Jung Society, la Jung Society of Washington y Tarot Singapore, así como en numerosas librerías y encuentros locales de tarot. También es la creadora del Arcana Case para barajas de tarot, que se puede encontrar en www.etsy.com/shop/tarotista, junto con su línea de perfumes astrológicos y talismanes de tarot, y es una invitada habitual de pódcast en la comunidad ocultista.

Además de su trabajo con el tarot, es copresentadora de *Godsong: 365 Days with Homer's Iliad and* Odyssey» «Godsong: 365 días con la *Ilíada* y la *Odisea de* Homero», un curso en línea con Jack Grayle; en algunas ocasiones escribe reseñas de libros de cocina para NPR, e imparte un curso universitario sobre «Escribir sobre los sentidos» para el Smith College. Es posible consultar sus ofertas, eventos y entradas de blog en www.tsusanchang.com. En Facebook la puedes encontrar en el grupo Fortune's Wheelhouse Academy; en Instagram y Twitter es @tsusanchang.

NOTAS

NOTAS

NOTAS

NOTAS

NOTAS

ÍNDICE